神々の構造

印欧語族三区分イデオロギー

ジョルジュ・デュメジル
松村一男 訳

講談社学術文庫

序文

　本書では印欧語族の習慣、拡散の経路などはもちろん、その物質文化についても触れることはない。そうした問題は多くの議論を引き起こしているが、本書のアプローチはそれらに無縁であるし、本書のテーマもそれらの問題によって影響を受ける性格のものではない。本書が描こうとするのは、「印欧語族文明」の精神的側面なのである。ヴェーダ期のインド人が、彼らの讃歌を通して見るかぎり思弁や想像力を欠いてはいなかったのと同様に、印欧語族のひとびともそれらを欠いていなかった。私はちょうど二〇年前から、印欧語族に属するひとびとの最古の伝承を比較検討してきた。その結果、諸伝承が共通の要素を多く含み、しかもそうした要素は孤立してはおらず、複合的な諸構造をなしていることが明らかになってきた。それらは古代世界の他の民族には認められないものである。本書ではそれらの構造のうちで最も重要なものを述べてゆきたい。

　本書の主たる目的は、順序立てられ相互に関連させられた一連の要約によって、読者に多くの文献を紹介することにある。そうした文献は、細かな問題や見馴れぬ問題を扱っているので、一般読者にはなかなかわかりにくいものである。同時にまた本書は、すでにある程度の知識を有している読者に対する、予備的なものではあっても、とにかくはじめての提要となるようにも意図されている。こうした全体像を視野に収めたときにのみ、個々の成果に対する全般的かつ相互に関連した修正が行ないうるのである。私が長年にわたって主要な問題として力点を置いてきたのは、原初ローマの三部族《トリブス》の三機能的価値づけだが、今回はこの問題は余り強調せず、副次的な位置に置くことにした。他方、多くの雑誌に発表してきた三機能のイデオロギーのさまざまな適用に関する研究を、私は本書でまとめることにしたい。対応例との比較によって、それら相互の明白なつながりが立証されることが、私の望みなのである。

こうした構想の二重性から、私は注を脚注にせず、巻末に文献解題の形でまとめることにした。注は節毎に分け、それぞれの節においてその内容を要約したり価値を論じたりした論文や著作の名を掲げた。また重要な問題についての研究史上の進歩や見解の変化を述べ、その年代も記しておいた。さらに注には、本文中では述べられなかった他の節との関連についても言及した。

本書は筆者一人の手になると考えられるべきではない。フランスばかりでなく他の国々にもいる研究者たちが、学派ではないが私と似たような手法で同じ問題を継続的に研究してきており、われわれはみな、ずっとおたがいを信頼しあっているのである。また印欧語族の思考について本書と異なる見解は、ここでは取り上げていないが、これは軽視しているためではない。本書の目的は限定されたものであり、批判よりも建設を主眼としているからである。しかし巻末の注では、私が行なってきた多くの論争についての参照も示しておいた。

私の親しい友人マルセル・ルナール氏は、この新しい著作を「ラトモス叢書」〔ベルギーで刊行されている古典古代研究叢書〕として刊行するように御配慮下さった。前書『ラテン女神とインド神話』〔*DLMV*〕が同叢書から刊行されて余り時も経っておらず、また本書ではローマ人に関する記述が「一部しか」(*pro virili parte*) 含まれていないにもかかわらずである。こうして彼は思慮深くも、本書において、西洋古典学と印欧語族学の、またさらには言語学的手法と比較研究の手法の協力の必要性を実現させようと望まれた。そうした協力は私がつねづね自らの職務と思ってきたものであり、私はルナール氏に心からの感謝を捧げたい。

ウプサラ、一九五六年一〇月—パリ、一九五七年一二月

ジョルジュ・デュメジル

目次

神々の構造

第三章　神学、神話、叙事詩における種々の機能……………120

凡例

1 本書は Georges Dumézil, *L'idéologie tripartie des Indo-Européens*, Latomus (Collection Latomus vol. XXXI), Bruxelles, 1958 の翻訳である。ただし付論は含まれていない。これについては、訳者解説を参照願いたい。

2 訳者による補注や説明は〔 〕で表わした。

3 引用文のうち、邦訳を利用させていただいた場合は、その旨を末尾に記した。

4 略号一般については、一七八頁の表、またデュメジルの著作の略号については、「研究史と文献案内」および「訳者文献案内」を参照されたい。

5 ギリシア語、ラテン語については原則的に長音は表記していない。但し、必要上や慣用上残している場合もある。

神々の構造

印欧語族三区分イデオロギー

第一章　社会的・宇宙的な三機能

一　インドの社会階層

ヴェーダ期以降のインド社会の最も鮮烈な特徴の一つに、社会が四つの「階層」に体系的に分類されていたことが挙げられる。サンスクリット語文献はこれを四つの「色《ヴァルナ》」と述べているが、そのうちの最初の三つは均質ではないにせよ、いずれも清浄であるとされる。それらに属するのがいずれもアーリア人だからである。これに対し第四階層は、アーリア人の征服によって隷属の身分となったひとびとにその由来を持つことが確実で、他の三階層とは区別され、生まれつき治癒不可能なほど穢《けが》れているとされる。したがってこの異質な第四階層は、ここでの考察には含まれない。

三つの階層は、それぞれの義務から定義することができる。ブラーフマナ〔バラモン〕は祭司であり、聖なる知識を学びかつ教え、また祭祀を遂行する。クシャトリアまたはラージャニアは戦士であり、力と武器によってひとびとを守る。ヴァイシャに属するのは、牧畜、農業、商業、つまり包括的にいえば物品の生産者である。こうして完全で調和のとれた社会が構成されることになるが、この社会を統治するのが王、ラージャンである。彼は普通は第二階層の出身だが、性格上はその階層と独立している。

こうした階層化された機能集団は、原則として同じ集団内でのみ結婚し、宗教的禁忌もあって、世襲的で閉鎖された存在となっている。このような古典的形態においても、この体系はその大部分が『リグ・ヴェーダ』以降に作られたようなインド固有の産物でないことは、疑う余地がない。これらの階層の名称は、『リグ・ヴェーダ』のなかでも他の諸書とはかなり異なった性格を持つ第十書の原人供犠《くぎ》の讃歌になってはじめて明確に述べられている。しかしこうした創作もまったく無の状態から行なわれたのではなく、それ以前から存在していた社会的慣習や教義が結晶化した結果と考えられる。一九四〇年にインド人学者アプテは、『リグ・ヴェーダ』のはじめの九書からこの問題と関連するテキストを集めたが（とくに八・三五・一六―一八）、彼はこれらによってつぎの二つの事実を立証した。第一にこれらの讃歌が編纂された時代にすでに、社会が祭司、戦士、飼育者によって構成されるものと考えられていたこと、そして第二に、これらの集団はまだブラーフマナ、クシャトリア、ヴァイシャという名称では呼ばれていなかったにせよ、これらの名称を生むことになる抽象名詞つまり観念の名称のほうは、三つの活動分野の原理をそれぞれが定義するような階層的な体系をすでに形成していたこと、である。

これらの抽象名詞とは、ブラフマン bráhman（中性名詞）「実体――目に見える場合も見えない場合もある――の諸部分間に存在する神秘的関連についての知とその活用」、クシャトラ kṣatrá「力」、「農耕性」と「組織化された居住」の両者を表わすヴィシュ viś（ラテン語 uīcus「村」、ギリシア語 (F)οἶκος「家」と同語源）、そしてその複数形ヴィシャス viśaḥ「社会的、地域的なひとびとの集合」などである。この理論的構造が現実の状態とどれほど合致していたのか見きわめるのは不可能であろう。この三区分とは無縁で、階層化されていないか、あるいは別なふうに階層化されたひとびとが社会のなかにかなり存在していたのだろうか。また、それぞれの階層内部におそらくあったと思われる世襲制は、より柔軟な結婚制度あるいは昇進の可能性によって、その効力を修正されることはなかったのだろうか。残念ながら、われわれにわかるのは理論のみなのである。

二　『アヴェスタ』中の社会階層

四半世紀にわたって、バンヴェニストと私は、シュピーゲルの見解を立証する研究を行なってきている。その研究とは、少なくとも前述のようなイデオロギーの形態での社会の三区分は、「インド・イラン人」が一方はインド人に、他方はイラン人に分かれる前からすでに保持されていたとするものである。『アヴェスタ』中のいくつかの文では、社会の構成要素およびひとびとや階層（インドと同様に色を意味するピシュトラという語で表わされる）の集団として、以下のものが挙げられている。祭司であるアータルヴァン、アートラヴァン（ヴェーダの祭司の一つアタルヴァン参照）、戦士であるラタエー・シュタル（「戦車に乗る者」。ヴェーダ語で戦士神インドラの尊称となっているラテー・シュター参照）、そして農耕・牧畜者であるヴァーストルヨー・フシュヤント。また『アヴェスタ』では一例のみだが、中世ペルシア語文献ではより一般化するのが、階層の最下位、第四の項としての職人、フーイティである。多くの証拠から（とくに観念の三重のグループ化が四階層と無理に関係づけられていることがときどきあるという事実、たとえば、*SBE*, V, p.357）、第四項は古くからの三項システムに後になって追加されたと考えられる。ペルシアの詩人フェルドウシィーはこの伝統の忠実な証言を、十世紀になっても残している。彼は伝説的な王ジャムジード（『アヴェスタ』のイマ・フシェータ）がどのようにこれらの階層を順序づけて設立したかを次のように述べている。ジャムシードはまず*アスラヴァーンを他のひとびとから区別し、「山を彼らの礼拝の場に定め、そこで彼らを礼拝に専念させ、栄光高い神の御前で祈願させた」（黒柳恒男編訳『ペルシアの神話――王書《シャーナーメ》より』泰流社、一九八〇、二八―二九頁）、次に定められた*アルテシュタルは、「勇敢な戦士たちで、軍と国を輝やかせ、王座を守り、勇気の名を保持する」（同訳二九頁）。第三の階層は*ヴァーストルヨーシュで、「彼らはだれからも恩を受けず、自ら耕し、種を蒔き収穫し、食事の時にだれからも非難されない。彼らはだれの命令も受けず、いかにぼろを身にまとっていても、罵り声を耳にすることはなく、自由な身で、争いや口論することなく土地を耕す」（同訳二九頁。星印はその語が実在せず、比較によって再建されたことを示す。デュメジルは三階層の名称に、インド・イラン語の再建形をあてている。黒柳訳では、フィルドウシィーの用いた近世ペルシア語でそれぞれカートゥズィー、ニーサーリー、ナスーディーとされている〕。

インドと異なり、イラン社会はこうした概念をカースト制にまで具体化しなかった。それはモデル、理想、そして社会の本質を分析して明確化するのに適当な手段としての状態にとどまったように思われる。われわれが問題とするイデオロギーの観点からは、以上の指摘で十分であろう。

三　スキュタイ人の起源伝説

イラン語派の傍流の一つは、きわめて重要である。というのは、彼らはイラン本土ではなく、黒海の北でその勢力を伸長させたからであり、イラン系の帝国やオリエントで盛衰した他民族の帝国のいずれの支配圏からも外に位置していたのだが、にもかかわらず、イラン人と同様の〔三区分〕観念を示しているからである。この傍流とはスキュタイ人であり、彼らの風習やいくつかの伝承が、ヘロドトスや他の何人かの古典古代の作家によって記録され、残っている。またコーカサス地方中部に住み、独特で活力に富んでいるオセット人は、スキュタイ人の言語や伝統を今日まで保存している。ヘロドトス（四・五―六）によれば、スキュタイ人は彼らの国の起源をつぎのように伝えている〔ヘロドトス『歴史』、松平千秋訳、岩波文庫、中巻、九―一〇頁〕。

5 ……当時無人の境であった彼らの国土に最初に生れたのは、タルギタオスという名の男であった。このタルギタオスの両親は——彼らのいうところは私には信じ難いが、彼らはともかくそういうのである——ゼウスと、ボリュステネス河の娘とであったという。タルギタオスの出生はこのようなものであったというのであるが、タルギタオスからはリポクサイス、アルポクサイスおよび末子としてコラクサイスの三子が生れた。この三人が支配していた時代に、天から黄金製の器物——鋤に軛《くびき》、それに戦斧と盃 *ἄροτρόν τε καὶ ζυγὸν καὶ σάγαριν καὶ φιάλην*——がスキュティアの地に落ちてきて、長兄が一番にこれを見付け、それをとろうとして近付いたところ、その黄金が燃え出した。長兄が離れた後次兄が近付くと、黄金はまたしても同じことを繰返した。こうして黄金の器物は燃えて二人の兄を近付けなかったのであるが、三番目に末弟が側へゆくと火は消え、末弟はそれをわが家へ持って帰った。そこで二人の兄も末弟に王権をことごとく譲ることに同意した、というのである。

6 リポクサイスを祖としてアウカタイと呼ばれるスキュティアの氏族 *γένος* が発し、次兄のアルポクサイスからはカティアロイ、トラスピエスの二氏族が、末弟からはパララタイと呼ばれる王族が発している。スキュタイ人の総称は王の名にちなんでスコロトイという。ギリシア人は彼らをスキュタイ人と呼んだ。

私はバンヴェニストと同様に、γένοςは「氏族」と訳すのがよいと考えている。スキュタイ人には四氏族があり、その一つが支配氏族である。現実においても理想においても構造は同じであって、これら四つの品々は、インド人や「イラン本土のイラン人」の三つの社会活動様式と明らかに関連しているのである。鋤と軛（バンヴェニストはこれら二つの労働用具が、アヴェスタ語では一つの複合語で表わされていると指摘している）は農耕を示す。戦斧は弓とともにスキュタイ人の武器である。最後に、ヘロドトス中〔七・六四〕のスキュタイ人に関する他の伝承や、よく知られたインド・イラン人の他の類似例などから、盃は礼拝時の献物や聖なる飲料の象徴であったと考えられる。クゥイントゥス・クルティウス・ルフス〔一世紀にラテン語で『アレクサンドロス大王伝』*Historiae Alexandri Magni Macedonis* を書いた作家〕（七・八・一七―一八）が伝える明らかに上記のものとは独立した伝承によっても、こうした機能による解釈は支持される。ルフスによれば、スキュタイ人の使節は、アレクサンドロス大王に攻撃を思いとどまらせるためつぎのように語った。「われわれは牛の軛《くびき》、鍬、矢、槍、杯という贈り物を授けられている。これらは友人のあいだでも、敵に対しても用いる。牛の労力で得られた穀物を友人に与え、友人とともに神々に杯で酒を捧げ、離れた敵は矢で、近くの敵は槍で攻めるというわけだ」〔谷栄一郎他訳、京都大学学術出版会、二九〇頁〕。

四　ナルト英雄たちの家族

興味深いことに、こうした〔スキュタイ人〕社会の観念構造は、現代のオセット人が伝えている民間叙事詩のなかにも残っている。この叙事詩は断片的ではあるが、多くの異伝があり、一世紀にわたって収集されてきている。またここ二〇年は、ソビエト・オセット人の民間伝承の収集が大規模に試みられている。オセット人の伝承によれば、いにしえの英雄ナルトたちは、大別して三つの家族からなっていた。一九二五年にトゥガノフが発表した伝承によれば、

ボリアテ家は家畜に富み、アレガテ家は知にすぐれ、エクセルテカッテ家は勇敢で猛々しく、その成員によって強大であった。

こうした定義は、物語の細部のこれら三家族を二つずつ並置したり対立させたりする場面によっても、充全に確証される。とりわけ一九四〇年代に行なわれた大規模な収集によって集められた伝承には、それがはっきりと示されている。そこではアレガテ家の「知的」性格のより古い形態が述べられている。彼らが登場するのは、よく見られる、しかも決まりきった状況においてである。すなわちナルトの英雄たちが荘厳な酒宴を催すのは、アレガテ家に

おいで、そこでは、「ナルトの顕わし手」と呼ばれる魔術的な盃による数々の驚異が起こるのである。エクセルテカッテ家の人々は大いなる武術の使い手だが、その名が名詞エクサル（ト）に由来する点は注目に価する。というのはこの語は、スキュタイ人のあいだでよく見られる音韻交代を考慮するならば、サンスクリット語のクシャトラ、つまり先に見た戦士階層の原理を表わす技術用語と同語源だからである。最後のボラテまたはボリアテ家、わけても彼らの首長ブレフェルニグは、軽蔑的にではあるがつねに富裕——その危険性と欠点をも含め——と描写され、またエクセルテカッテ家が少数なのと対照的に、多くの成員をかかえているとされる。

五　印欧語族と社会の三区分

このように、社会生活を三区分するこの教義は、インド・イラン人に共通であったと考えられる。これを手がかりとして私は二〇年近く研究を続けてきたのだが、その結果として得られた相互に補い合う二つの結論は、つぎのように要約できるだろう。(1)インド・イラン人以外の印欧語族諸民族は、古くからインド・イラン人と同様な区分を実際に行なっていたか、あるいは、彼らの起源を語る伝説のなかで、彼らの原初のいわゆる「構成要素」を同じ区分の三つのカテゴリーに分配していた。(2)古代世界にあって、絹の国〔中国〕からヘラクレスの柱〔ジブラルタル海峡〕まで、リビアやアラビアから極北人《ヒュペルボレイオイ》の地までのいかなる非印欧語族系の民族も、現実においても理想においてもこのような構造は所持していなかった。例外的にこの構造を示している場合もあるが、それは地域的にも時代的にも特定できる印欧語族との明らかな交流によるものである。以下では、上記の二つの命題を支持するような例をいくつか述べることにしたい。

六 ケルト人の社会階層

〔インド・イラン人以外での社会階層の三区分の〕最も完全な例は、印欧語族のなかで最も西に位置するケルト人と古代イタリア人である〔ゲルマン人が西進したのは、後の時代になってから〕。この事実は驚くに当たらない。印欧語族世界の東端のインド・イラン人と西端の古代イタリア人とケルト人にのみ、宗教、行政、法律に関する語彙の一致が数多く認められるからである（J. Vendryes,《Les correspondances de vocabulaire entre l'indo-iranien et l'italo-celtique》, *Mémoirs de la Société de Linguistique de Paris*, 20, 1918, pp.265-285）。

カエサルの征服によって衰退しつつあった異教期ガリアの社会状態を記録した文書を、キリスト教への改宗から余り時が経っていないアイルランドの様子を伝えるテキストと照らし合わせてみると、ケルト人は王（*rīg- サンスクリット語 rāj- やラテン語 rēg- と音韻的に対応する）のもとにつぎのような社会を構成していたと思われる。(1)〔部族国家の〕国境を越え、超国家的にあたかもインドのブラーフマナ階層のごとく全体を支配していたドゥルイド僧（druides＜*dru-uid）、つまり「とても賢き者たち」。彼らは祭司、法律家、伝統の保存者である。⑵唯一の国土保有者である戦闘的貴族。国土はアイルランド語ではフライスflaith（ガリア語vlato-、ドイツ語Gewaltと同語源）だが、これは本来は「力」を意味し、戦士機能の本質を表わすサンスクリット語クシャトラと意味的に等価である。⑶牧畜民。アイルランド語のボー・アイリグbó airig。つまり家畜（bó）の所有者と限定された自由民（airig）。後者の語aire（属格airech、複数airig）は自由民集団のすべての成員を指す。彼らは法によって護られ、王を選出し、民会（airecht）や季節毎の大祭に参加する。この名詞は、インド・イラン語の名詞*ア（ー）リア*ǎrya（サンスクリット語arya, ārya、古代ペルシア語ariya、アヴェスタ語airya、オセット語læg「男」＜*arya-ka）に-k-を加えて作られた派生語ではないかという説もあるが、たぶんそうではなかろう（メイエやトゥルナイゼンは、アイルランド固有の語源であろうとしている）。しかしこの点は重要ではない。現実であったにしろ理想であったにしろ、ケルト社会の三幅対はインド・イラン社会のそれと正確に対応しているのである。

七　ローマ伝説の構成要素と原初三部族

記録で遡れる限りでは、機能区分は歴史上のローマには認められない。貴族と平民の対立は別種のものである。こうした〔社会区分の〕不在が早熟な進化の影響によることは疑う余地がない。また三部族への原初期の区分が、それらの名称ラムネス、ルケレス、ティティエンセスが明らかにエトルリア語起源であるにもかかわらず、エトルリア人王支配の時代以前に遡るもので、これまでわれわれが見てきた階層分類とある程度まで同一視しうるタイプに属することも疑う余地がない。

最も一般的な伝承形によれば、ローマは三つの人種要素から成立したという。ロムルスとレムスの率いるラテン人、ルクモの指揮下にロムルスに味方したエトルリアの援軍、そしてティトゥス・タティウスに指揮され、ロムルスと戦う敵軍サビニ人である。最初のものがラムネスの、第二のものがルケレスの、そして最後のものがティティエンセスの母胎となった。タティウスの率いるサビニ人は家畜を多く保有する。ルクモとその部下は戦闘の専門家で、その面でロムルスと結びつく。ロムルスは半神で、ユピテルの原初の約束の享受者たる王‐鳥占官、ローマの都の創設者、そして国家の機構の設立者である。

場合によってはエトルリア人の要素が欠けていることもあるが、「三機能的」分析はそれによって損なわれることはない。なぜなら、その場合にはロムルスとラテン人が聖なる首長と典型的戦士の二つの役割を兼任するからであり、ティトゥス・リウィウス（『ローマ建国以来の歴史』一・九・二―四）もいうように、彼らには神々と勇猛さ（deos...et...uirtutem）が伴っていた。差し当たって彼らに欠けていたのは、富（と女性）であり、それらはサビニ人が彼らに与えることができたし、もしいやがるなら力ずくでも手に入れねばならぬものだった（フロルス〔ローマ史の要約 *Epitomae* の著者。一―二世紀〕一・一参照。サビニ人は和解してローマに移り住み、「彼ら〔ローマ人〕と持参金代わりの先祖伝来の富を分け合う」）。同様にオウィディウスの『祭事暦』の第三書（一七八―一九九）にもエトルリア人は触れられていない。そこではマルス神自らが、ローマ人とサビニ人の合体を生じさせた企ての背後にあったイデオロギー的動機を同じ観点から明らかにしている。「富める隣人〔サビニ人〕はこの富を持たない者たち〔ラテン人〕を嫌い、〔神なる〕私〔マルス〕が彼らの血の源であることを斟酌《しんしゃく》しなかった。……私は怒り、おおロムルスよ、お前の心にお前の父〔ロムルスとレムスの父はマルス〕にふさわしい心（つまり好戦的な心）を吹き込んで言った。『もう懇願は止めよ。望みのものは武器が与えてくれようぞ』」。他方、ハリカルナッソスのディオニュシオス〔アウグストゥス帝期にローマにいて、ギリシア語で『ローマ古代誌』*Antiquitates Romanae* を書いたギリシア人作家〕は三部族の伝承に従って、三者に三つの利点を同等に賦与している。サビニ人らの住む近隣の村々は、〔彼らの娘を貰いたいという〕ロムルスの婚姻の願いを拒絶する（二・三〇）が、それはこの新参者たち〔ラテン人〕が「富において重んずるに価せず、また目ざましい武勲も示していない」からであった。ロムルスは神の息子で、至上の吉兆の所持者ではあったが、他に何も持ってはおらず、ソロニウム〔南部 Latium の一地方〕のエトルリア人で、「行動の人、戦にすぐれた」、戦闘の専門家ルクモに援けを仰ぐことになる。

八　プロペルティウス、四・一・九—三二

しかしこの〔ローマの〕起源にまつわる教義に、三人種の合体という形で最も完全な表現を与えたのは、プロペルティウス〔前一世紀ローマの詩人〕と彼の第一ローマ悲歌《エレジア》（四・一）である。彼はまずロムルスとともに原初三部族の名を挙げる。それらの名は、伝統的な関連づけに従って、名のもとになった人物と結びつけられ、意義を説明される。こうしていわばそれぞれの「本質」とでもいうべき機能的性格が明らかにされる。(1)レムスとその兄弟（ロムルスの名自体は統合を象徴するものであり、まだ用いられていない）の仲間たち。(2)リュクモン（ルクモ）。(3)ティトゥス・タティウス。このテキストは詳しく検討する価値を有するものである。

悲歌の冒頭のこの部分で、詩人はローマのつつましい起源とアウグストゥス帝の時代のその壮麗さを対比させること（当時の常套的な手法であった）を意図している。こうした主題を提示し、場面を設定する数行が続いた後で、住民たちが明らかに均一ではない三部分に分けて描かれ、最後に結論となる（九—三二行）。

何と多くの石段の上に　あのレムスの社は高められたことか。

　昔は一つの炉が　兄弟の最大の王国だった。
今、紫の縁取りのあるトガを着た　議員たちのために　高く輝く議事堂も、
　毛皮をまとった田舎者の　長老たちを入れていた。
角笛が　昔のクィリテスを討議へと集め、
　百人が草上で　しばしば元老院を構成した。
空ろな劇場に　ひだの多い日除けが掛けられることもなく、
　舞台が毎年の祭りの折に　サフラン香を匂わすこともなかった。
誰も外国の神々を求めることを考えず、
　群衆は祖先伝来の祭礼に興奮して震え、
火をつけた干し草が　年毎のパリーリア祭を祝ったものだ。
　同じような浄めの儀式は今もなお　尾を切った馬で繰り返されている。
貧しいウェスタは花輪で飾ったろばを喜び、
　痩せた牛が安価な聖物を引いて行くのが常だった。
肥らせた豚が小さな四つ辻を浄め、
　牧人は葦笛に合せて、羊の内臓を奉献した。
皮をまとった百姓は　剛毛《こわげ》の生えた皮鞭を振りまわしたが、
　ここから奔放なルペルクスの　ファビウスの祭は出ている。

未熟な兵が攻撃の武器を帯びて　きらめくことはなく、
　戦いは裸のままで　焦がした棒杭で交えられた。
最初に本陣を張ったリュクモンは　皮の帽子をかぶっていたし、
　タティウスの政務の大部分は　羊の間で行われた。
ここからティティエスと、ラムネスの勇士らと、ソロニウムのルケレスは出たし、
　ここからロムルスは　四頭の白馬を駆り立てた。

〔中山恒夫編訳『ローマ恋愛詩人集』、国文社、一九八五、三七六—三七八頁。傍点はデュメジル、一部訳文を改めた〕

この詩の進展の道筋ははっきりしている。寓話が末尾の短い教訓に収束するように、この詩は最後に勝利行進の姿の「統合者」ロムルスの名を挙げるのだが、それ以前の部分では彼のもとに「集った」三部族をそれらの名とともに列挙している。三二行の「ここから」とは、三部族がその前で述べられているひとびとに由来することを示している。実際、当時の知的伝統にならってプロペルティウスはティティエス（三一行）を三〇行のタティウスとつなげ、ルケレス（三一行）を二九行のリュクモン－ルクモとつなげている。ラムネス（三一行）は、普通ならば同じ調子でロムルスの名とつなげられるのだが、この詩ではロムルスの名は、統合された社会の指導者のものとして残しておかれ（三一—三二行）、代わりに九行

のレムスや一〇行の兄弟という語で置き換えられている。換言すれば、プロペルティウスは、ロムルスのもとで統一された都市国家の三部分へと変容した姿を描く前に（hinc...）、将来のローマの三つの構成要素を順番に、それぞれの名づけ親とともに、まだ分離している状態で――「レムスとその兄弟」のひとびと、エトルリア人ルクモ、サビニ人タティウス――連続して提示しているのである。このようにして、一五―二六行で後にラムネスに属すことになるとして描かれている祭のいずれもが、伝統的に三部族の融合以前に遡り、二人兄弟によってひっそり行なわれていたと考えられていた祭である理由も明らかになる。

　だがそれだけではない。後に部族となる三者が順々に紹介される際に、それぞれは明らかに本章が論じているような三つの機能にそって特徴づけられているのである。

(1)　九行（「レムス」）から二六行で、詩人は政治機構の原初的性格（九―一四行。「王たち」や長老や元老院の素朴さ）と祭礼（一五―二六行。荘厳さも外国の神々もない。祭礼は農耕暦の順に四月から二月へと、パリリア、ウェスタリア、コンピタリア、ルペルカリアと続き、壮麗さとはまったく無縁）のみを取り上げている。

(2)　二七―二九行（「リュクモン」）で詩人は、戦闘技術の第一人者のもとでも未開（「皮の帽子」）なままであった戦争の原初形態を述べている。

(3)　三〇行（「タティウス」）で詩人は、原初の富が純粋に牧畜に限られていたと述べている。

テキストの整然とした区分は詩人の分類への意図の結果であろう。とくに二九―三〇行の、将軍ルクモと富である家畜を多く所有するタティウスの対立は、アウグストゥス帝期の知識人の思考のなかでは、この三部族が人種的要素と並んで、機能の要素としてもとらえられていたことを窺わせる。「兄弟」の周囲に集うラムネスは、統治と祭事に専心し、ルクモとルケレスは戦士であり、ティトゥス・タティウスとティティエス（ティティエンセスのほうが普通）は富裕な牧畜者であるとプロペルティウスは描いているのである。

九　イオニア人の分割

ギリシア人のうち、少なくともイオニア人――なかでも最古とされるアテナイ人――は、社会機構のなかでのそれぞれの役割によって、原初には四部族に分けられていた。伝統的な部族という語ははっきりしていないし、四機能のそれぞれに与えられていた名称も明らかではない。プルタルコスは四つのビオイ（「生命（様式）」）とのみ述べている。にもかかわらずこれらの様式の存在自体は十分考えられる。その四つとは、祭司または宗教的行政者、戦士または「守護者」、農民、職人である（ストラボン、八・七・一。またプラトン『ティマイオス』二四aも見よ。プルタルコス『ソロン』二三は、普通は祭司に与えられた名称を誤って語源解釈して、祭司を除き、代わりに農民と牧畜民を分けている）。また治政をする哲学者、守護をする戦士、富を生む第三階級というプラトンの理想国家の三階層は、その倫理的・哲学的調和性の全体を含め、時にはインドの思弁と驚くほどの類似を示す。これはおそらく、プラトンの国家説が一部はイオニアの伝統から、一部は当時ギリシアで知られていたイランの教義から、そして一部はピュタゴラス派という、それ自体としてはギリシアのみならず前ギリシア的な時代にまで遡る教義から採られたためであろう。

一〇　古代世界における社会の三区分

フィン・ウゴル人社会やシベリア人社会、中国人や旧約聖書の時代のヘブライ人の地域、フェニキア、シュメール人やセム語族のひとびとのいたメソポタミア、そして一般的に印欧語族に隣接するか、あるいは彼らによって侵略されたアジアの広大な領域、こうした世界に住むひとびとの風習や伝承のなかに、これまで見てきたような一致した図式と同形である独自な対応物を見いだそうとしても無駄なことであろう。上記の諸地域に認められるのは、(1)成員が戦闘者でも牧者でもある階層差のない遊牧民の社会組織、(2)祭司王、神聖皇帝が、無限に分化してはいるがいずれも身分の低い大衆と組み合わされている定住者社会の神聖政治的社会機構、(3)魔術師がその特殊技能ゆえに恐れられてはいても格別優位に立つこともなく、多くの専門職の一つに数えられているだけの社会、などである。いずれにせよ、それらのどれも等級化された機能的階層社会を思わしめるものではない。例外は存在しない。もし古代世界、ことにオリエントの非印欧語族民において、この構造に合致すると見える場合があるなら、それは彼らの隣人であった新参者で危険な印欧語族集団の影響によるものである。前二千年紀には、そうした集団であるルヴィ人、ヒッタイト人、アーリア人がいくつかの経路で大きく勢力を拡張していたのである。前五世紀のギリシア人は、つねづね語られてきていた最古期のアテナイ人における機能別階層の起源を「カースト化された」エジプトに見いだしえたと信じたが、これなどよい例であろう。事実は、ナイル河畔にこうした構造が発生したのは、印欧語族との接触によってなのである。上記のように前二千年紀に小アジアやシリアに興った印欧語族諸民族はまた、馬もその使用法とともにエジプト人に伝えた。ファラオを戴く古い帝国は、生き残る必要から、この時期においてのみ、それまで存在しなかったものを編成した。常備軍つまり戦士階層である。ヘロドトス、『ティマイオス』、ディオドロスなどの伝える「多階層」型社会を〔エジプトで〕示す最古の文書は、タネーニが彼のファラオであるトトメス四世のために、大規模な人口調査を行なったことを誇っている碑文である（J. H. Breasted, *Ancient Records of Egypt*, II, *the XVIIIth Dynasty*, 1906, p.165)。

全国民を国王の前に召集し、全員を検査し、兵士、祭司、王の奴隷、全国土の職人、すべての家畜、鶏、小家畜を調べた。主に愛されたる者、軍付き書記タネーニ。

このトトメス四世（前一四〇一―前一三九一年）こそは、アーリア人に特徴的なアルタタマという名を持つミタンニのアーリア人王の娘と結婚した最初のファラオなのである。

印欧語族が本家である新機構が、独自の「道徳的」地位を持った戦士階層の分化であった。彼らは、やはり分化していた祭司たちと一種の緩やかな連合を結んでいた。また彼らの拡散の理由でも手段でもあった馬やその補佐の役割を持つ戦車も、印欧語族独自のものであった。われわれは聖刻文字や楔形文字で書かれた碑文から、専門的戦士たちが古くからの諸文明にいかに大きな恐怖を引き起こしたかを推測することができる。戦士たちは豪胆で無慈悲であった。それから三千年後には、スペイン人征服者が新世界の諸帝国を滅ぼしたが、それらの帝国の王や人民にとっても征服者たちは同じように見えたことだろう。エジプト人は彼らをマリアンニ（marianni）と呼んだが、この名称はインド・イラン人のもとでもマルヤ（márya）という形で用いられていた。これこそが、一九三八年ウィカンデルによって明らかにされた「戦士集団」（Männerbünde）であり、その数年前にヘフラーによってゲルマン人のもとでの存在が研究されていた集団と同じ性格を有していたのである。

一一　理論と実践

インド・イラン人、ケルト人、古代イタリア人、ギリシア人などの最古の文書の比較から、三機能の区分や階層化の上に構築された社会構造の概念が印欧語族に存在していたことが示唆される。しかしこの概念がどのような具体的な形態――一つだけであったか、それとも多様であったのか――を取っていたかについては、当然のことながら、文書の比較は確実なことを教えてくれない。したがって本書では一応、最初に述べたヴェーダ期アーリア人の状態を一般化せざるをえない。つまり社会全体が、祭司、戦士、生産者に分割されていたと考えておくのである。しかし次のような可能性も考えられる。すなわち、こうした区分が強調されたのは限られた氏族や「専門的な」家系のみで、それらは祭祀の効力ある秘法を所持していたり、イニシエーションや戦闘技術の秘法を所持していたり、あるいは生育のための処方箋や魔法を所持していたりしていたが、それは社会のごく一部のみで、残りの大多数のひとびとは、職能区分がまったくなされていないか、少なくとも区分がより不鮮明で、必要や状況に応じてその力があちこちへ振り当てられていた、という可能性である。この他にもさまざまな中間段階も想定しうるが、いずれにせよ、どれも想像の域を出ない。とはいっても、ところどころに見られる数字の一致は、かなり厳密な教理が存在していたらしいことを示唆している。たとえば『リグ・ヴェーダ』では「三十三神」が、アーリア人社会の姿をもとに考えられた神々の世界の全体を要約する表現として用いられているが、これを三つの十の集合が付加的な三によって補なわれたものであるとする説明がときどき認められる。これに対しローマでは、三十三はクーリア民会（comitia curiata）の数として現われていて、そのうち三十は十の三つの集まりで、機能別の三つの原初部族、ラムネス、ルケレス、ティティエンセスを代表するものとされ、それに三人の鳥占官の分が加えられ、三十三を形成しているのである。

一二　基本的三機能

比較研究者が格別の興味を持つのは、印欧語族の三区分的社会機構の正確で歴史的な細部ではない。分類の原理、あるいは三区分的社会機構によって生じ、その固有の表現としかもはや思えなくなったイデオロギーの型こそが、興味の中心なのである。これまでの個所で私は「機能」とか「三機能」という重要な言葉を何度か用いてきた。いうまでもないが、共同体が生き残り繁栄するために、祭司、戦士、生産者といった諸集団が守らねばならない三つの基本的な活動様式のことである。しかし「機能」の領域は、こうした社会的視野にのみ限られるものではない。ヴェーダ期およびヴェーダ期以降のインド人の哲学的思考においてブラフマン、クシャトラ、ヴィシュといった抽象名詞が用いられたように、三機能は印欧語族の哲学的思考において、物質的・道徳的現実を解明するための手段や、あるいは社会によって認められた諸観念の肝要な点を整理する手段をすでに提供していたのである。バンヴェニストと私は、こうした三機能構造の非社会的分野への適用例の収集を、一九三八年以来行なってきた。現在では、第一、第二「機能」については、その濃淡の調子のすべてを容易に識別することができる。第一機能については、一つには聖なるものとの関係がある。それは人と聖なるもの（祭祀、呪術）との関係であったり、神々の配慮や保証（法律、行政）のもとでの人と人の関係であったりする。また神々の意志や好みにしたがって王やその代理人が行使する主権的権力もある。さらにより一般的には、瞑想や聖物の取り扱いなどと不可分な関係にある知識や知性もここに属する。第二機能には、猛々しい肉体的な力、とくに、戦士専有ではないがしかし主として戦士が行なう力の行使が含まれる。第三機能の本質を簡潔にいい表わすのは、より難しい。それは多くの領域をおおっていて、それぞれの領域のあいだには明白なつながりがあるのだが、全体のはっきりした中心が見当たらないのである。人間、動物、植物の豊饒はもちろんだが、同時に栄養、豊かさ、健康、そしてその効力と楽しさを含めた平和なども、ここに含まれる。さらに好色さ、美しさ、「多数性」などもよく見受けられる。このうち最後の「多数性」には、物質面（豊富さ）のみならず、社会総体（群衆）を形成するひとびとの多数性も含まれている。こうした定義は演繹的なものではなく、三機能イデオロギーの多くの適用例から帰納された結果なのである。

インド学の専門家には、ヴェーダ期以降に見られるこうした三機能的分類の拡張はよく知られている。インドでのこの拡張は、その強さと影響の大きさにおいて、中国思想での分類志向にも匹敵するものである。つまり中国では、連合したり対立したりする一対の概念を陰と陽に分配するが、それと同様にインドでは、社会の三階層がその三つの原理とともに、以前から存在していたり、状況に応じて設定されたりした数多くの観念の三幅対と結びつけられたのである。こうした調和や関連づけは祭祀が目ざす共感的行為にとっては重要なものであり、時には深遠な意義も有するが、時には人工的であり、幼稚ですらある。たとえば三「機能」は、三つのグナ（本来は「紐」の意）つまり善良さ、情熱、暗さという三つの「性質」と結びつけられている。サーンキヤ哲学では、それらのさまざまな組み合わせが、すべての存在するものの横糸をなしていると説かれている。また三機能は、上下に重なる宇宙の三段階とも結びつけられる。この他にきわめてよく関連づけられるものとしては、ヴェーダの各種の韻律やメロディー、さまざまな動物、そして器や杖を作るのに用いられる特定の種類の木などがある。

これほど過度な組織化はしないまでも、他の大部分の印欧語族も似たような拡張の例を示している。そのうちの一部は、いくつかの印欧語族地域で非常に似通った形で残っているので、印欧語族分化以前にその共通の源を有すると思われる。次にそうした例をいくつか述べてみよう。

一三　災禍と逸脱の三幅対《トリアド》

二〇年前、バンヴェニストは、イランとインドの讃歌の一部に見られる強い類似性を指摘した。それらの讃歌では、三機能のそれぞれと関係する三つの災禍から集団ないしは個人を救うようにとの神への願いが述べられている。たとえばペルセポリスの碑文（*Persep.* d3）では、ダリウス王がアフラ・マズダーに対して、帝国を「敵の軍勢、飢饉、虚偽から」守るように求めている(最後の語 drauga は大王の用いる語彙ではとくに政治的反逆、主権の無視を指すが、イラン宗教での大罪である虚偽も含意している)〔R. G. Kent, *Old Persian*, 1953, pp.135-136. 参照〕。同様に、満月と新月のときに行なわれるヴェーダ祭祀においてアグニ神に対して唱えられる讃歌は、各種の儀典書でそれぞれの著者がさまざまに拡大してはいるが(たとえば『タイッティリーヤ・サンヒター』一・一・一三・三、『シャタパタ・ブラーフマナ』一・九・二・二〇)、その中核は同一で次のようである。「我を隷属より守れ、我を誤った供犠より守れ、我を飢餓より守れ」。第一水準においてアケメネス朝の王が虚偽を挙げるのに対し、ヴェーダの祭儀専門家は正しく行なわれない供犠を挙げるが、イランとインドの祈願の内容が同じであることに変わりはない。怖れの力点のへだたりは、二つの社会の宗教それぞれに起こった固有の変化によるものである。一方がきわめて倫理的になったのに対し、他方はしだいに儀礼的になったのである。

この問題については、私も印欧語族のなかで最も西に位置するケルト人——彼らの習俗はヴェーダに見られる習俗と驚くほど似ている——がやはり大きな災禍を三種類に区分していたのを示すことができた。アイルランドの法律の主要な編纂集である『センハス・モール』〔『伝統法大全』〕は、次のような言葉ではじまっている(*Ancient Laws of Ireland*, IV, 1873, p.12)。「世界の壊滅をもたらした時期が三つあった。ひとびとの死(古注では「疫病、飢饉による」と補足してある)の時代、戦争の増大、口頭による契約の崩壊である」。

このように不幸は、健康あるいは食糧、暴力的力、法律の三つの領域に分割されている。これに対しウェールズ人は、彼らの法律書にそうした抽象的な定式を持ち込まなかった。その代わり同じ内容は、古い神話を小説ふうに書き直したものと思われる『スリーズとスレヴェリスの冒険』に見られる。この物語では、ブリテン島をどのような三つの「抑圧」が襲ったか、そしてスリーズ王がどのようにしてそれらを克服したかが述べられている。それらの災禍とは、(1)「賢い」人種が出現する。彼らはその「知」によって、いかに秘かに行なわれた会話でも聞き取ってしまい、統治や人間関係に介入する。(2)毎年五月の始めに、島の竜とそれを「打ち負かそう」とする異国の竜のあいだで恐るべき「戦い」が行なわれ、島の竜の叫び声の物凄さのため、すべての生き物が不妊となる。(3)王がどの宮殿に「食糧と酒の貯蔵」をしても、夜になると魔法使いの盗人がやってきて、たとえ一年分の貯えであっても、彼の籠に入れて盗んでいく。――三つの抑圧は、ここでもやはり知的生活と行政、力、食糧の三つの領域で展開されている。またそれらを定義しているのが、犠牲者ではなく、それらの原因というべき三つの逸脱行為――魔術的知の乱用、暴力的な攻撃性、富の奪取――であることにも注目したい。ローマ最古の法律〔十二表法〕もまた、個人の逸脱を悪意的な呪文、身体への暴力、盗みに分類しているし、プラトンはすべてを三区分している個所（『国家』四一三b―四一四a）で、間違いなく悲劇作家の誰かから借用したと思われる明らかに人工的なやり方で、逸脱を組織的かつ例外ないように分類している。それは順に、「盗み、身体への暴力、呪術」である。

一四　三種の治療

またバンヴェニストは、『アヴェスタ』に見られる治療の分類（『ウーデーウダード』〔『除魔法書』〕七・四四。ナイフ、植物、呪文による治療）を、『リグ・ヴェーダ』の一讃歌が行なっているナーサティア－アシュヴィン双神の治療力の分析（一〇・三九・三。「盲目な者〔神秘的・呪術的悪〕、痩せた者〔栄養的な悪〕、骨折した者〔暴力〕いずれもの治療者」）と結びつけ、さらにピンダロスの『第三ピュティア祝歌』に述べられているケンタウロスのケイロンが「ひとびとの病の苦しみ」を直すためにアスクレピオス神に教えた治療法（四〇―五五行。呪文、（水）薬、切除手術）とも関連づけた。そして彼は、これらの並行例の末尾で、印欧語族に遡る三区分的な「治療教義」が存在していたであろうと想定した。

ゲルマン人の古い文書は、災禍、逸脱、治療についてのこうした分類様式を示していない。しかしそれは別の状況で利用されている。『エッダ』中の「スキールニルの歌」は、フレイ神の召使いスキールニルが、女巨人ゲルズルにいやいやではあるが主人の愛を受け入れさせるのに成功するという小さな物語である。まず彼は黄金の贈物で彼女の愛を購《あがな》おうとして失敗する（一九―二二節）。ついで、やはり失敗するのだが、彼は剣で彼女の首を切断すると威嚇を試みる（二三―二五節）。そして最後の三度目に、魔法の道具である棒とルーン文字を用いて、やっと彼女に同意させる（二六―三七節）。

一五　三区分的讃辞

インドの詩人は王のすべてを手短かに称賛しようとする場合、三語で三つの機能について言及する。たとえばカーリダーサ作の『ラグ・ヴァンシャ』の冒頭（一・二四）でディリーパ王は臣下の父と称えられている。「なぜなら彼は民をよく治め、よく護り、よく養うから」である。これほど明確な形ではないが、アイルランドの叙事詩にも同様の表現がある。この美しい文章では、「生者の国」――他界のこと。不死となった死者の住む所――は、死の不在のほかに次の三つの点で特徴づけられている。「そこには罪も過失もない。……準備の必要もなく永遠の宴が続く。ひとびとは皆睦みあい、争わない」。この不思議の国の独自さは、すべてが善く労苦がない点に存するが、この考えは著者の心のなかで三機能（徳、戦争、食物の豊かさ）にそって分析され、表現されている。その本質が暴力である第二機能は、それ自体が悪であると見なされるため拒絶され、その分、他の二機能が最大限に伸長させられている（J. Pokorny,《Conle's abenteuerliche Fahrt》, *ZCP*, 17, 1928, p.195）。またアルスター・サイクルに属するある文書は、コンホヴォール王を称えるのにやはり似たような分析をしている。王の統治下では、「平和と静寂と快い挨拶」、「団栗とラードと大漁」、「支配と法律と良き王権」があったとされる（Kuno Meyer,《Mitteilungen aus irischen

Handschriften》, *ZCP*, 3, 1901, p.229)。それらは、戦争、飢饉、無法という、ペルセポリスにおいてダリウス王が大神に対しそれらから帝国を守るように祈った三つの災禍とちょうど正反対のものである。

一六　三機能と「事物の本性」

こうした三機能の図式化に対する反対がときどき行なわれている。三機能図式の数の多さや相互の類似は、その起源の同一性や印欧語族に特徴的な教義の存在を証明するよりも、むしろこうした図式化が事物の均一性や必然的な性向に基づいて形成されてきたごく当たり前のものだからこそ生じたのではないか、というのである。こうした立場のひとびとは、人間存在の条件や集団生活の原動力といったものについてのごく初歩的な思弁は、いつの時代でもどんな場所でも三つの必要条件を必ず強調するのではないかという。つまり彼らは、統治を保証する宗教や法律や確固とした道徳、守護し征服する力、そして生産したり食べたりそして一般的に楽しんだりする手段の三者はその結果にすぎないのではないかとか、身にふりかかる災難や行為に際して取りうる選択肢について思弁するとき、人は結局のところこの図式のヴァリエーションに帰着するしかないのではないかと問うているのである。しかし、この図式がきわめて豊富な印欧語族世界から一歩外に出てみるがよい。彼らにいわせれば、三機能図式が従う三つの必要要素は必然かつ普遍であるはずなのに、印欧語族世界以外ではこの図式が彼らの主張するような一般性や自然発生性を示していないことがたちどころに看取されよう。また社会の三区分についても事情は同じで、印欧語族世界以外には対応する社会区分は存在しない。エジプト、シュメール、アッカド、フェニキアなどの文書、『旧約聖書』、シベリア諸民族の民間伝承、分類の豊富さや卓越さを誇る儒家や道家の思想のいずれにも三区分の図式は認められない。その理由は簡単で、それによって反対意見は崩れ去る。つまり、ある社会が絶対的な必要性を感知してそれを満たすことと、その必要性をはっきり認識してそれらについて思考し、知的な構造や思惟の鋳型を作り上げるようになることとは、まったく別の事柄なのである。古代世界においては、印欧語族のみがこの哲学的歩みを進めた。またこの歩みは、印欧語族内の多くのひとびとのもとでのみ、きわめて多量の思弁や文学作品を生み出した。こうした事実や狭義の社会区分の存在を最も無理なく説明するのは、こうした歩みが印欧語族に属するひとびとの拡散の後にそれぞれのひとびとのもとで独立して行なわれたとする見方ではなかろう。そうではなく、こうした歩みは拡散以前にすでに行なわれており、それを生み出した思索家たちの部分的な継承者がブラフマンやドゥルイドやローマの祭司団であるとここそ考えられねばならない。

一七　三重の司法機構

最も興味深く、しかし同時に最も微妙な三機能の適用例の一つが、法律的な体系や規則に関するものである。それらは、印欧語族的な概念と照らし合わせることによって、さまざまな地域（インド、スパルタ、ローマ）で見いだされる。ローマ法はその基盤や精神においてきわめて独創的だが、そのなかでは同じ効力を持つ三種類の異なった手続きが数多く見られる。これらは通常、証明もなしに、慣例や最高行政官《プラエトール》によって次第に作り上げられてきた結果として説明されている。しかしゲルシェルは、これらの刮目すべき「三重性」の少なくとも一部が、これまで見てきた三機能体系に基づいて形成されたものであることを明らかにした。ここではそのなかでも最良の例を一つ述べるにとどめよう。以下の場で行なった遺言は、いずれも同じ効力を有する。⑴ポンティフェクス・マキシームス〔祭司長〕が司るクーリア民会という完全に宗教的な集会。⑵兵士たちのいる戦闘の前線。⑶「家権購入者」への仮構的な売却の場（Gellius, *Noctes Atticae*〔アウルス・ゲッリウス『アッティカの夜』〕, 15, 27; Gaius, 2, 101-103; Domitius Ulpianus, *Liber singularis regularum*, 20, 1)。もちろんゲルシェルは、かつてローマに「祭司法」、「戦士法」、「経済法」が存在したとか、異なった社会階層や異なった効力を持つ三種類の遺言があったとか、さらには三種類の奴隷解放の仕方や他の法律的な三区分もこの見方で解釈できるなどと考えているのではない。このきわめてよく見られる枠組、すなわち、等しい効力を持つ三幅対の可能性、そしてそれぞれに配分される区別の類同性は、まさしく次のことを示していると、ゲルシェルは考えたのである。「ローマ法の立案者たちは長いあいだ、集団生活の主要な行為を、三機能イデオロギーに沿って考え、またそうした行為が、三機能の（宗教に関わる、実際または可能性として軍事に関わる、経済に関わる）原理のそれぞれと結びつけられるように、三つの手続き、三つの背景、三つの適用例を並記しがちであった」。

一八　三機能と心理学

心理学もまたこの枠組のなかにある。たとえばインドの哲学体系は、個人の心や社会のなかに道徳法、情熱、経済的打算という三原理（dharma, kāma, artha）を分配している。またプラトンは、その理想国家の三つの階層——統治する哲学者、戦士、富の生産者——に対し、賢さ、勇敢さ、節制に分けられ、組み合わされた徳の図式を与えている。そしてアイルランドの至高王の即位に源を有する明らかに伝統的な表現のなかで、主権の保存者でかつ授与者でもある神話的女王メイヴは、その夫たらんと望む者、つまり王に三つの条件を課している。「嫉妬せず、恐れず、吝嗇でないよう」（*Táin Bó Cúalnge*〔『クーリーの雄牛奪取《タイン・ボー・クーリンゲ》』〕ed. Windisch, 1905, pp.6-7）。ゾロアスター教については、K・バールが見事な解釈を行なっている。それによると、最高の人間であるザラスシュトラは、主権的、戦士的、肉体的の三原理の組み合わせとして注意深く準備され生み出されたという。これはおそらく、きわめて古い信仰の神話的適用であると思われる。というのは、インドの家庭儀典綱要書（*Śāṅkhāyana Gṛhyasūtra*, 1, 17, 9; *Pāraskara Gṛhyasūtra*, 1, 9, 5）では、男子を産みたいと願う女性は、ミトラ、ヴァルナ、アシュヴィン双神、インドラ（類書によっては、この後にアグニまたはスーリアが続く）といった神々——そしてそれらのみ——に対し祈願するのがよいと薦められている。以下の章でも述べるように、これはインド・イラン人のもとで第一、第三、第二機能を体現し、支配していた神々の一覧表なのである。

一九　機能を象徴する聖物

三機能的思惟のもう一つの発展の様相は、象徴の分野に見られる。三つの社会集団やそれらの三つの原理は、比喩や観念連合によって、簡素で具体的な品々と結びつけられた。そしてそれらの品々のまとまりが、集団や原理を喚起し、象徴したのである。すでに印欧語族期において、この分野では二つの表現法が確立していたと思われる。一つは一群の聖物、もう一つは色彩の区分である。

ヘロドトスの伝えるスキュタイ人の起源伝説を想い出していただきたい。農耕のための鋤と軛、戦士の武器の戦斧（または槍と弓）、祭祀用の盃という、天上から降ってきた三組の品々は、明らかに三機能にしたがって分類された価値を示していた。これらの品々は単に神話的なだけではない。それらは王によって一緒に保管され、毎年スキュティアの国土をおごそかに巡行したのである。同様にアイルランドでも、一世代前に島を占有していたとされる、実は神話の古い神々によって構成されていた人種（「ダナ女神の種族《トゥアサ・デー・ダナン》」）は、一群の聖物を保持していた。一つは「ダグダの鍋」で、アイルランド民話の多くの鍋と同じく、尽きることのないすばらしい食料を貯え、与えた。二つの怖るべき武器もある。一つはルグの槍で、その所持者を無敵にした。またヌアドゥの剣からは何人も逃れえなかった。最後にファルの石は、主権の所在地〔タラ〕に安置されていて、それが上げる叫び声によってどの候補者が王となるべきかが定められた（V. Hull,《The four jewels of the Tuatha Dé Danann》, *ZCP*, 18, 1930, pp.73-89)。また以下で述べるように、ヴェーダ神話や北欧神話もやはり、特徴的な三聖物の一群を、同様に三機能に沿って分類された神々に帰属させている。

二〇　インド・イラン人における機能を象徴する色彩

すでに指摘したように、インド・イラン世界では古くから象徴的色彩が重要であった。三つ（または四つ）の機能別社会集団は、サンスクリット語ヴァルナ（varṇa)、アヴェスター語ピシュトラ pištra（ギリシア語 *ποικίλος*「雑色の」、ロシア語 pisat'「書く」参照）という、ニュアンスは異なるが共に「色」を意味する語で表現されていた。実際インドでは、ブラーフマナ、クシャトリア、ヴァイシャ、シュードラは、つねに白、赤、黄、黒の各色で特徴づけられているし、それについての説明も欠けてはいない。これがより下位で異質なシュードラのカーストが作られたため、古い体系が変えられた結果であることははっきりしている。黄を除く三色、つまり黒（あるいは濃紺）が牧畜・農耕者のヴァイシャを象徴するような三色のみによるより古い体系の痕跡は、儀礼のなかに残されている（*Gobhila Gṛhyasūtra*, 4, 7, 5-7; *Khādira Gṛhyasūtra*, 4, 2, 6）し、『リグ・ヴェーダ』にも確実にある（神々のなかで最も三重的・三機能的なアグニ神について、同讃歌一〇・二〇・九は、「黒、白、赤は汝の道」と述べている）。事実、イランはこの配分を保持し続けた。ニーバーグ（一九二九）、ヴィーデングレン（一九三八）、ヴィカンデル（一九三八）、ゼーナー（一九三八・一九五五）らによって次第に解明されてきた「ズルヴァン的マズダー教」〔イラン宗教に特徴的な対立する二原理、善と悪の源として、原神ズルヴァンを置くゾロアスター教（マズダー教）の中世イランの一派〕の天地創造神話《コスモゴニー》の伝承によれば、祭司、戦士、牧畜・農耕民の衣装は、それぞれ白、赤または雑色、濃紺とされていた。

　他の印欧語族も同じような象徴表現を有していた。バサノフは、ヒッタイトの切願儀礼《エーウォカーティオー》を同じ視点から巧みに解釈している。包囲されている敵の都市の神々に対し、その都市を見捨てて、包囲軍の側に三つの道をとってやってくるよう祈願するのがその内容なのだが、道の一つには白い布が、二番目には赤い布が、そして三番目には青い布が敷かれるのである（*Keilschifturkunde aus Bogazköi*, VII, 60; J. Friedrich, *Der alte Orient*, 25, 2, 1925, pp.22-23）。

二一　ケルト人とローマ人における機能を象徴する色彩

ガリアやアイルランドのケルト人にとって、白はドゥルイド僧の色であり、アイルランドの叙事詩では、赤は戦士の色であった。他方ローマでは、白帽が祭司中の祭司であるユピテルのフラーメンを特徴づけるものであったし、戦闘用外套、将軍の陣屋に掲げられた戦旗、騎士や武装祭司サリイの礼服は、いずれも赤色であった。三項からなる完全な色彩の象徴体系は、ローマの社会制度のなかに二度認められる。最も興味深いのは円形競技場での競技で見られる色彩体系で、帝政期ローマやさらにはボスポラス海峡の新しいローマ〔ビザンツ帝国〕でも大変重要視されていた。しかしこれが帝政以前に遡るのは確実で、ローマの好古家たちは、ロムルスやローマ自体の起源にまで遡ると説いている。好古家の説明は憶測的で、偽哲学や占星術の影響を受けて必ずしも一致していない面があるが、その一つである〔ビザンツ帝国の学者〕リュディア人イヨアンネスの『月々について』四・三〇は、実際にローマで行なわれていた様子のみを記している。それによると、歴史時代には四色が用いられたが、本来は三色（白、赤、緑）であり、それぞれユピテル、マルス、ウェヌスと関係づけられていた（最後の女神は明らかにフローラ女神に取って代わったものである）。これらの神々の機能的価値（至上権、戦争、豊饒性）は明らかである。だがそればかりではない。これらの色は、ラムネス、ルケレス、ティティエンセスという、起源伝説のなかで人種的（ラテン人、エトルリア人、サビニ人）にも機能的（神聖で統治する者、戦闘専門家、富んだ牧畜者、からそれぞれ出自）にも解されている原初三部族とも結びつけられているのである。

またイヨアンネス自身も、別の一文（*De magistrate*. 1. 47）では、それらをエジプト人やアテナイ人の機能別部族の対応例として解釈している。

他方、ヤン・デ・フリースは一九四二年に、古代、現代の宗教的、民話的、文学的な諸文書から、この色彩三分法の多くの例を蒐集した。それらのほとんどは、印欧語族が拡散した地域やその境界、または印欧語族の影響を受けた地域に由来しており、それらの一部は、ここで考察されている型の価値分類をはっきりと示している。

二二　フェリドゥーンの息子たちの選択

この他、三機能の枠組は、叙事詩伝承、伝説、きわめて多様な物語などによっても活用されている。いくつか例を示してみよう。

タルギタオスの三人の息子についてのスキュティア伝説では、末子が王国と三機能を体現する不思議な黄金の品々を獲得するが、モレはこの伝説をイラン本土の伝承と関連づけた。その伝承とは、『アヴェスタ』ではスラエータオナ、中世ペルシア語文書ではフレードーン、そしてペルシア語文書ではファリードゥーンと呼ばれている英雄から生まれた息子たちについてのものである。モレの訳した『アーヤートカル・イ・ジャーマースピーク』の一節は次のように伝えている。

フレードーン〔フェリドゥーン〕から三人の息子が生まれた。名前はサルム、トーズ、エリッチであった。彼は三人を呼び、こういった。「お前たちに世界を分割して与えようと思う。一人ずつ自分にふさわしいと思うものをいうがよい。それにしたがって分割するから」。サルムは大いなる富を、トーズは勇敢さを、そしてカヴィの栄光〔すなわち神によって選ばれた支配者を示す天からの徴し〕を持つエリッチは法と宗教を求めた。フレードーンは、「それぞれに求めるものが与えられよう」といって、サルムにはローマの地を、トーズにはトゥルキスタンと砂漠を、そしてイランと兄弟たちへの支配権をエリッチに与えた。

フェルドウスィーは、この話の興味深い異伝を伝えている。そこでは同じ地理的分割が異なった基準によって行なわれている。とはいえ、その意味は変わっていない。兄弟たちはいずれも恐るべき竜に出会う恐怖を味わう試練を課せられるが、そのときにとった態度によって、彼らの本性と「機能水準」が明らかになるのである。サルムは逃げ出し、トゥールは無謀にも竜を殺そうと突進する。だがイラージは戦うことなく、思慮と気高い心によって危険を遠ざけた。それは彼が王にふさわしい資質を持っていたからである〔黒柳編訳『ペルシアの神話』、八〇―八一頁参照〕。

二三　羊飼いパリスの選択

小アジアのギリシア人のもとで、おそらくはプリュギアの印欧語族の影響下に、「パリスの審判」という物語として結実した素材は、その元の形では、この〔イランの〕テーマと類似したものであったろう。この話は愛らしいが、結果は重大である。なぜなら、富と勇敢さにもかかわらずトロイがギリシア人に敗れ、滅び去るのは、この事件のためだからである。羊飼いの美しい王子パリスのもとに、三機能をそれぞれ象徴する三女神が、誰が最もすぐれているか審判してもらいたいとやって来る。ある形（たとえば、エウリピデス『アウリスのイピゲネイア』一三〇〇―一三〇七行）では、女神たちはそれぞれの地位と活動を示す姿で現われる。すなわち、ヘラは「主神ゼウスの玉座を鼻にかけながら」、アテナは兜を着け、槍を手にして、そしてアフロディテは「情慾にあだめく姿」の他に何の武器も持たずにである〔呉茂一訳、『ギリシア悲劇全集Ⅳ』、人文書院、一九六〇、四六三頁より引用〕。他の形（たとえばエウリピデス『トロイアの女』九二五―九三一行）では、女神たちは贈物を約束して、審判を自らのものとしようと試みる。ヘラはアジアとヨーロッパの王権を、アテナは勝利を、そしてアフロディテは最も美しい女性を約束する。パリスは誤った選択をしてアフロディテを選び、ほどなく絶世の美女ヘレネを誘拐する。その後トロイはよく十年持ちこたえるが、ついに滅び去る。それを滅ぼしたのは、人間と神々の連合軍なのだが、神々のなかで最も怒っていたのは、ヘラとアテナであった。

この種の物語は近世になっても人気があった。ゲルシェルはスイス、ドイツ、オーストリアで前世紀に収集された伝承を研究したが、それらはギリシアの伝説とは明らかに独立したものである。こうした伝承では、ある若者が明らかに機能的な三つの申し出のなかから（たいていは「正しい」）選択をする。あるいは、三人兄弟が三つの機能的な贈物を分配し、そのうちの「第一機能」を選んだ一人のみがすべての「良き」運命を手に入れる。以下に示す例は、ゲルシェルによって厳密に再構成された、本来の姿の「ヨーデル」の起源についてのドイツ伝説である。

バヒルザンプの牛飼いであるレスは、ある夜のこと小屋で三人の妖精がチーズを作っているのを見つける。やがて乳漿が三つの手桶に注がれる。最初の桶の乳漿は赤色で、次のは緑、三番目のは真っ白であった。レスはどれか一つの桶を選び、その乳漿を飲むようにいわれる。「もし赤いのを選べば、お前は誰にも負けぬほど強くなる」と一人の妖精の牛飼いがいう。「もし緑色の乳漿を飲めば、たくさんの黄金を手に入れ、とても裕福になる」と二番目が口をはさむ。最後に三番目がいう。「白い乳漿を飲め。そうすればお前はすばらしい『ヨーデル歌い』になる」。レスははじめの二つの贈物を断わり、白い乳漿を選び、並ぶ者のないヨーデル歌いになる。

ゲルシェルは、この声の技術が物語の他の異文では魔術的力を持つとされている、と注記している（すべての動物がヨーデル歌いに会うためにやってきて、彼につき従う。彼の小屋のテーブルや腰掛が踊る。牝牛が後脚で立って踊る。最も気の荒い牝牛も和み、おとなしく乳を搾られる）。

二四　ローマとカルタゴの聖物

ポエニ戦争の末期になると、ローマは最終的な勝利の確信を、三機能の図式に基づいて思い描いていたと見て間違いはない。〔ウェルギリウス『アエネイス』一・四四一―四四八によれば〕ディドの命令で働いていた労働者は、まず牛の頭、ついで馬の頭を発見した。ディドはそれらが発見された地に、カルタゴの国とともに「彼らの」ユノ女神の神殿を建てた。カルタゴ人は、これらの頭がこのアフリカの都に富と軍事的栄光を保証すると考えていた。他方ローマでは、タルクゥイヌス王の労働者がカピトリウム丘〔ラテン語の「頭（caput）」に由来〕の、後に最良最高のユピテルの神殿が建てられる地点で、人の頭を発見したことがかつてあった。つまり最善の吉兆、支配の吉兆を手にしたのは、ローマのほうなのであった〔「ティトゥス・リウィウス、一・五五・五―六など参照〕。われわれはこの刮目すべき解釈もゲルシェルに負っているのだが、彼はさらにヴェーダ期インドの事例も指摘している。そこでは人、馬、牛が理論上、犠牲のなかで最上のものとして認められていた。そしてそれらの頭は（より低級な犠牲である羊と山羊の頭とともに）、火の祭壇を作ろうとする場所に埋められるべきとされており、少なくともその真似はされていた。なお、インドでは永続的な聖域は存在せず、火の祭壇はきわめて重要視されていた。

二五　戦士の三つの罪

最後の例として、先に述べた災禍と逸脱の三区分を叙事詩の領域と連結させるために、私は文学的に大きく拡張されたあるテーマを取り上げたい。それはインド、北欧、ギリシア、イランにおいて認められているもので、私はさまざまな角度からその研究を進めている。そのテーマとは神あるいは人間の犯す罪に関するもので、第三章で分析するように、一般に「第二機能」の人物、すなわち戦士を主人公としている。

ヴェーダ期インドの戦士神インドラは罪人である。ブラーフマナ書や叙事詩に見られる彼の逸脱や暴行のリストは長大で多様なものだが、『マールカンデーヤ・プラーナ』の第五書は、それらを三機能の図式に還元している。まずインドラは三頭《トリケパロス》の怪物を殺す。この三頭者は世界を脅かす厄介者であり、その殺害は必要なことであった。しかしそれは瀆聖的な殺害でもあった。というのは、三頭者はバラモンの位を持っていて、バラモン殺しほど重い罪はなかったからである。この結果インドラは、彼の威厳（または精神的力）であるテージャスを失う（一―二）。ついで三頭者の復讐のために怪物ヴリトラが生み出される。インドラは怖れをいだき、戦士という彼本来の職務を忘れ、ヴリトラと虚偽の和平を結んでおいてそれを破る。その結果、彼は肉体的強さであるバラを失う（三―一一）。最後に彼は、夫の姿に変身するという恥ずべき術策を弄し、正しい女性を不義へと引き込む。その結果、彼は美しさであるルーパを失う（一二―一三）。

北欧叙事詩は完全な形では残っていない。ラテン語で書かれたサクソ・グラマティクスの著作『デンマーク人事誌』が、その全貌を伝える唯一のものである。しかしそれは、北欧語で書かれたもはや失なわれてしまった資料に基づいて書かれており、きわめて独自な性格を持つ英雄スタルカズル（Starkaðr）〔古ノルド語形〕（スタルカテルスStarcatherus〔ラテン語形〕）を主人公としている。彼はあらゆる点で模範的な戦士であり、忠実で献身的な下僕として王たちに仕えた。ただし例外的な場面が三度あった。より詳しくいうと、彼は連続した三つの生涯を与えられていたのである。しかしそれは条件付きで、彼はそれぞれの生涯において大罪を犯すと定められていた。そしてこれら三つの大罪は、明らかに三機能に沿って分類されているのである。まず彼はノルウェー王に仕えていたとき、神オティヌス（オーディン）の手助けをして、王を人身御供にするという罪を犯す（七・五・一―一二）。ついで彼はスウェーデン王に仕えるが、戦場で王が死ぬと、卑怯にも戦場から逃亡する。これは彼が三つの生涯中で恐怖に囚われた唯一の例である（八・五）。最後に彼はデンマーク王に仕えるが、あるとき彼らしくもなく富に心を奪われ、一二〇ポンドの黄金と引き換えに主人を殺害する。普段の彼は、行為においても言葉においても、富を軽蔑してはばからなかったのにである（七・六・一—四）。こうして彼の三重の経歴は尽き、彼はもはや、死のみを願うようになる。そしてそれは崇高な姿で成就される（八・八）。

スタルカズルの性格と武勲は、多くの点でヘラクレスのそれを想い出させる。彼が行なったと伝えられる武勲の数々は、順序よくまとめられている〔「十二功業」参照〕が、その成立は比較的後期のことである。しかしそこから以下に述べる枠組ができてきたとは考えられない。（ゼウスとアルクメネが三夜交わって生まれた）このギリシアの英雄の全生涯もまた、三つの汚点で区切られている。それらは英雄の「在り方」に重大な結果をもたらし、しかもその重大さは次第に増していく。そしてそのたび毎に彼はデルポイの神託に救いを求める（ディオドロス〔前一世紀—一世紀のギリシア人作家。『世界史』を著わした〕、四・一〇—三八）。⑴アルゴスの王エウリュステウスは彼に難業を命ずる。彼はゼウスの不注意な約束とヘラの術策によって、ヘラクレスにそう命ずる権利を有していたのである。しかしヘラクレスは、ゼウスの断固たる勧告にも神託の命令にも耳を貸さず、これを拒否するという逸脱をしてしまう。この神々への不服従という機会をとらえ、ヘラは彼の精神を錯乱させ、狂乱に陥った彼は自分の子供たちを殺してしまう。その後彼は正気に返り、嘆き悲しむ。そして王の命令を受け入れ、十二功業や他の難業もなし遂げる（一〇—三〇章）。⑵ヘラクレスはエウリュトス王に対して復讐を企て、王の息子イピトスを罠にかけ、決闘ではなく欺きによって彼を殺す（ソポクレス『トラキスの女たち』二六九―二八〇行は、この罪の「反英雄的」性格をとくに強調している）。この結果、ヘラクレスは業病に襲われる。彼が病から解放されたのは、神託に従って自らを奴隷として売り、その代金をイピトスの子供たちに届けてからであった（三一章）。(3)デイアネイラという正妻がいたにもかかわらず、ヘラクレスは別の王女との結婚を求めたり、さらには三人目の王女を攫《さら》って、妻よりも寵愛した。デイアネイラの恐ろしい誤解、ネッソスの血の毒の滲《し》み込んだ礼服、そして不治の恐るべき苦しみ、そういったものから英雄が逃れる術《すべ》は、アポロンの第三の神託に従って、薪の山の上で自らを焼き尽くし、天上に生まれ変わることによってのみ与えられたのである（三七―三八章）。彼の輝かしい経歴にとっての三つの致命的な過失は、ゼウスを侮り、神々に従わなかったこと、武器を持たぬ相手を卑劣な欺きによって殺害したこと、色欲に惑わされ、妻を顧みなかったことである。それらは、インドラの三つの罪と同様に三つの機能領域に正確に配分されているし、第三番目の原因（情欲）もまったく同じである。そしてまたインドラの場合と同様に、過失は英雄の存在自体を変化させるものであった。インドラの場合、変化は連続して起こり、次々と蓄積されていくだけだが、ヘラクレスの場合は、はじめの二つは償われ、第三番目のもののみが死の原因となっている。

『アヴェスタ』の伝承が、ゾロアスター教によって再度考え直されて、新たな方向づけが施されていることは確実である。そこに見られるイマは、他とはまったく異なったタイプの英雄となっている。彼が犯した罪は一つだけだが、それはきわめて重大なもので〔虚偽。後には驕り、神への反抗、神から与えられた栄誉の簒奪など〕、彼のもとからは三度にわかれて光輪《フワルナフ》が立ち去る。これはアフラ・マズダーによって王となるべき者の頭上に据えられる、目に見える不思議な至高統治権のしるしである。この光輪の三分の一ずつがつぎつぎと彼から離れ、三存在〔ミスラ神、スラエータオナ、クルサースパ〕のもとにたどり着く。彼らは、農耕・治療者、戦士、主権を司る知的存在という三つの社会的型に対応している（『デーンカルト』七・一・二五―三二―三六は、『ヤシュト』一九・三四―三八よりも完全な形を保っている）〔伊藤義教『ゾロアスター研究』、岩波書店、一九七九、三―一九頁、三八二―三九一頁に上記出典の訳と解説がある〕。

二六　王についての問題

こうして駆け足で見本例を示してきたが、これだけでもいかに異なった方向や領域において、印欧語族の想像力が三区分的構造を活用してきたかを示すのには十分であろう。さて、この構造の他の方面での適用の場合と同様に、今度もわれわれは古代世界の非印欧語族民について見ることにしよう。はたしてそこでも三機能構造が、英雄や何か別の材料を用いて叙事詩や伝説の主題を生み出したか、道徳や政治についての教訓を示しているか、あるいは習俗や社会の状態の生彩ある正当化を行なっているか調べてみるのである。しかし現在までのところ、こうした探索の結果は否定的である。ギルガメッシュもサムソンも、偉大なファラオたちも中国原初の伝説的皇帝たちも、またアラブの知恵文学も孔子の教えも、いかなる歴史上や神話上の人物も、印欧語族での登場人物たちにあれほど多く見られる三機能的装いをいささかも示してはいない。つまり、こうした装いは印欧語族的であると考えてよいだろう。この世界の広大な拡がりのなかで、印欧語族のみが、彼らの拡散以前からすでに、基礎的で相互に関連しあう三つの必要要件について認知し、考察し、彼らの経験を分析したり解釈したりする際に用い、彼らの貴族的および民衆的な文学の枠組のなかで活用していたが、他のひとびとはそれら三つの必要要件を遂行するだけで満足していたのである。

このかなり一般的な考察を終えるに当たって私が再度強調しておきたいのは、こうした事実を知ることは、たとえ重要ではあっても、それだけでは「原印欧語族」の実際の社会状態や社会機構（それはすでに地域ごとに異なっていたと思われる）をわれわれに明らかにしてくれる手段とはなりえない、という事実である。われわれが手にしているのは、一つの原理、あるいは複数の原理や本質の枠組のうちの一つだけなのである。たとえば三機能と「王」の関係は、依然としてほとんどわかっていない問題の一つである。ヴェーダ語の rāj-、ラテン語の rēg-、ガリア語の rīg- の一致から、印欧語族のなかでも最も保守的であったのが確実なひとびとのもとで、きわめて古い時代から「王」が存在していたことが証明されている。だがその関係は、上記の三地域においても異なっており、またそれぞれの地域内でも場所や時代によって異なっている。その結果、三機能、とりわけ第一機能の表わし方や定義には、幾分かのばらつきが生じることになる。ある場合には王は、三機能的構造に優越するか少なくともその外に位置する。そうなれば、第一機能が中核とするのは、権力や統治権やその執行者などではなく、純然たる聖性の管理や祭司ということになる。しかし王が王・統治者であるのと同じくらい、あるいはそれ以上に王・祭司である場合には、上記の場合と対照的に王が第一機能の最も顕著な代表者となる。またある場合には、王は三機能のそれぞれから取られた要素の混合体、変数であり、そのなかでも第二機能そして王が最も多く出自する戦士階層の要素をことに多く含むことになる。インドで戦士を区別するのに用いるクシャトリアの同意語は、王（rājan）から由来する語ラージャニア（rājanya）であったのを憶えておられよう。次にわれわれは、こうした太古の諸社会における思惟の最も堅固な枠組である神々の体系、つまり神学へと、その神話や叙事詩への延長も含めて、考察を進めていくが、そうすることによって王の問題や他のいくつかの問題も、解決はできないまでも、もっとよく整理されることになるだろう。

第二章　三区分神学

一　三機能イデオロギーの神学的表現

印欧語族に属するひとびとのさまざまな神学が、本質上、歴史の偶然な潮の干満によって打ち上げられただけの、まとまりのない神々の滞積にすぎないとは考えられない。つながりを有する諸神格は、相互に定義し合い、前章で明らかにされた図式に沿って、聖の諸領域を分割し合っているのである。十分な情報が残っている場合には、どこの地域でもこうした神々の中核をなす一群を容易に認めることができる。だがこうした中心群は、長いあいだ、無視されたり、否定されたり、誤って理解されたりしてきた。私の研究での主たる進歩は、こうした中心群を認めることから始まったのだが、それはとりわけインドとミタンニにおけるその認知を主要な出発点としていた（一九三八年、そしてとくに一九四五年以降）。以下ではまずこれら二地域を取り上げることにしたい。またこうした中心群の認知は、比較研究者である私と各領域の専門家たちのあいだで行なわれた数多くの論争の始まりも意味した。そうした論争は、しばしば快く、時には辛く、全体としては有益であった。

二　ヴェーダの讃歌と儀礼中の三機能的特徴を有する神々

ヴェーダ期インドの祭司たちは、重要な儀礼状況のいくつかにおいて、ミトラとヴァルナ、インドラ（または*インダラ）、そしてほとんどつねに一括して双数形でナーサティアとかアシュヴィンと呼ばれている双神、を一群として取り扱っている。これらの神々の群は、招来され、献物を受け、分類的に名前を列挙される。ミトラとヴァルナは宇宙の主権者であり、インドラは何よりも戦士である。またナーサティアは治療者で、子孫やあらゆる善き物の賦与者である。第二水準ではインドラが他の一神とともに現われることもあるが、その相手は一定していない（ヴァーユ、アグニ、スーリア、ヴィシュヌなど）。これは明らかに、第一項と第三項が一対の神々で構成されていることからの類推に基づいていると思われる。

この神群（ミトラ－ヴァルナ、アシュヴィン双神、インドラとアグニまたはスーリア）は、すでに見たように（第一章一八節）、男子の受胎を望む際に祈願されている。男子を得ることが、古代においては現代より一層重要であったのはいうまでもない。アシュヴィン双神がインドラより先に、第二の位置を占めているこの場合の順序は、誕生という双神本来の機能に関わる領域が問題となっていることを考えるなら、容易に納得できよう。さて、順序が変わりインドラが最初に位置するという違いはあるが、この同じ神群は、ソーマ供犠の一つである朝の圧搾でも、その最高潮のときに祈願されている。すなわち、インドラ－ヴァーユ、ミトラ－ヴァルナ、アシュヴィン双神の順である（たとえば『シャタパタ・ブラーフマナ』四・一・三―五）。そしてこの儀礼に従って構成されている『リグ・ヴェーダ』のいくつかの讃歌において称えられているのも、またこの神群である。これらの讃歌の内容は、それぞれの神的水準の機能的価値を保証し、説明しているので、研究上有益な場合が多い。たとえば一書一三九ではインドラ－ヴァーユが、彼らに割り当てられた詩節（第一節）のなかで、シャルダスという神的な若者の軍勢を意味する語によって、明確に特徴づけられている。ミトラ－ヴァルナの詩節（第二節）は、リタとアンリタという、宇宙的・道徳的秩序（「天則」）とその反対物を意味する概念とで満たされている。アシュヴィン双神（第三節）は、二種類の「活力」、シュリーとプリクシャの所有者として描かれている。また相互に補い合う二つの讃歌である一書の二と三では、インドラ－ヴァーユは「両英雄《ナラー》」と呼ばれ（二・六）、ミトラ－ヴァルナについては、「天則を重んずる彼らは、天則によって至高の座を獲得せり」といわれ（二・八）、アシュヴィン双神は、「多くの者に喜びを与う」（三・一）とされる。

三　上昇リストと下降リスト

順位が上昇的であるにせよ、下降的であるにせよ、たいていは一定の規則にのっとった順序が尊重される。まずは、そうした例のなかでもきわめて「純粋」で、第二水準にはインドラのみが見られているものを示すとしよう。

祭火壇の建立はきわめて重視されたが、古くから伝わり細部にいたるまで規定されているこの建立儀礼では、場所を区分する聖なる溝を引くのに際して、神話的牝牛カーマデーヌ(「乳を搾れば、望みの品々を与える」)に対して祈願がなされる。ここで問題にするのは、その祈願によって生じるとされる神聖な状態である。祈願の順序は下降的で、その延長ともいうべき列挙によって、祈願の持つ三機能的価値が確証される。「乳として望みのものをミトラとヴァルナに、インドラに、アシュヴィン双神に、プーシャン(家畜の神で、時にはシュードラの神)に、動物に、植物に与えよ!」(たとえば『シャタパタ・ブラーフマナ』七・二・二・一二)。この順序だった列挙では、植物、動物、そして場合によっては非アーリア人などの上位に、ミトラ＝ヴァルナ、インドラ、アシュヴィン双神が位置している。彼らが司るのは、階層化され、彼らの本性とそれぞれ対応しているアーリア人の三部分なのである。

繁栄を求めて捧げられる供犠においても同じ神々が祈願されるが、順序は逆に上昇的で、その最後には他の一切を含むための追加がされている(『タイティリーヤ・サンヒター』二・三・一〇・一b)。「汝はアシュヴィン双神の息吹なり、……汝はインドラの息吹なり……汝はミトラ＝ヴァルナの息吹なり、……汝は一切神群の息吹なり!」

思弁的できわめて興味深い讃歌(『リグ・ヴェーダ』一〇・一二五＝『アタルヴァ・ヴェ

ーダ』四・三〇。ただし詩節の順序に多少の変動がある）の冒頭にも同じ一群が述べられているが、インドラはアグニと対にされており、挙げられていく順序は下降的になっている。この有名な汎神論的讃歌は、言葉の女神ヴァーチュと思われる存在が語る形態を採っている。いずれにせよこの存在は、存在する一切に共通な支え、本質として描かれている。はじめの節はつぎのようである〔以下、辻直四郎訳『リグ・ヴェーダ讃歌』岩波文庫、三〇七―三〇八頁より引用〕。「われ（ヴァーチュ）は、ルドラ神群（マルト神群）、ヴァス神群と共に行く、われはアーディティア神群とまた一切神群（特別の神群の名）と共に。われはミトラとヴァルナとの両神を担う。われはインドラとアグニとを、われはアシュヴィン双神を」。ヴァーチュは、これに続く詩節で自らの多岐にわたる威力を分析し、「神々はかかるわれを」、「多くのところ」、「あまたの居所」に「配分したり」（『リグ・ヴェーダ』三節＝『アタルヴァ・ヴェーダ』二節）と述べているが、そのうち人間と関わる部分で以下のものを強調していることは注目に価する（『リグ・ヴェーダ』四、五、六節＝『アタルヴァ・ヴェーダ』四、三、五節）。食物と生命、ついで「神々によりまた人間により承認せられたる」言葉と彼が聖なるひとと（祈禱者《ブラフマン》、聖仙《リシ》）に授ける善き物、最後に弓、「祈禱の敵を殺さんがための矢」〔辻訳を一部変更〕、そして闘争。これですべてである。教義的な意図がどこにあれ（新プラトン主義のロゴスと比較される場合もある）、この讃歌はアーリア人の最古の概念体系をはっきりと表明している。観念の対応（神々、行為）を示すこの讃歌は、「ミトラーヴァルナ、インドラ（単独で、あるいは他神に随従され）、アシュヴィン双神」という一群が、三機能の擁護者やその神学的表現としてとらえられていたことを確証している。

四　ミタンニ王国のアーリア系諸神

これと同じ列挙は、古代インドの多くの文書に認められる。時には多少の違いもあるが、それは偏見に基づく変更の結果であり、説明不可能なものではない。だが先を急ぎ、最も重要な文書を見ることにしよう。インド・イラン人のなかには、「分派《パラ》インド人」とも呼ぶべき、後に「ヴェーダ語」となる言葉かまたはそれにきわめて近い言語を話していた一派があったのだが、彼らはインダス河やパンジャブ地方へ東進する代わりに、道に迷ってユーフラテス河を越えてパレスティナ地方まで西進してしまった。彼らはその地で短くも輝かしい運命を持ち、その痕跡を多くの楔形文字文書に残した。彼らの東洋での兄弟に当たるヴェーダ讃歌の作者たちは、歴史的に特定することが難しいが、記録に熱心な諸民族に囲まれ、文字表記を学んでいた彼らについては、かなり正確にその地域と時代を知ることができる。彼らは古代オリエントの諸王国を専門的戦士の群れによって震え上がらせ、時には崩壊にまで到らしめた。前にも述べたが、バビロニアやエジプトの文書はこうした戦士たちをマリアンニと呼んでいた〔第一章一〇節〕。「この分派インド人」のなかでも最も興味深いのは、前二千年紀の半ばにユーフラテス河上流の彎曲部に自分たちとは異なる人種を統合して支配し、フリ人の帝国ミタンニを作った一派であろう。その強大さゆえ、一時期はヒッタイト人もエジプト人も彼らと対等な条約を結ばねばならないほどであった。

さて一九〇七年、〔ヒッタイト帝国の首都〕ボアズキョイのヒッタイト王の文書庫から、前一三八〇年頃にヒッタイトの王シュピルリウマが隣国ミタンニの王シャッティワザ〔KUR-ti-ú-a(z)-za=Šat-ti-ú-a(z)-za か。とすれば、ヴェーダ語の vā́ja-sāti の逆の *sāti-vāja として、「戦利品を獲る者」と解することができる。*DSIE*, p.23 参照〕と締結した条約の複数の写しが発見された。このミタンニの王は、ヒッタイトによって王位に復せられ、ヒッタイト王の娘も妃に与えられており、彼は形式にのっとって恩人への協力を誓っている。条約は、もしそれを破った場合に神々から受ける呪いを列挙している。また、条約を結ぶ双方は、慣習にしたがって、それぞれの帝国のすべての神々の名を挙げているが、ミタンニ側の神々の多くはどのようなものか不明で、わかっているものでは、地方神やバビロニアの神と思えるものがいる。しかしそのなかに、インド学者たちによってただちに気づかれ、文献学者たちが表記法上の特徴や文法的特異性について長いあいだ研究を行なってきた神々の一群があった。現在、それはつぎのように読むべきとされている。「一対の神々ミトラ‐アルナ（またはウルヴァナ）、インダル（またはインダラ）、双神ナーサティア……」。三〇年ものあいだ、ヴェーダ期インドの文書との比較はなおざりにされ、奇妙な説明（W. Schulz,《Die Zwillingsbrüder》, *Mitt. d. vorderasiatischen Gesell.*, 22-23, 1916-17, pp.284-286）や不十分な説明（S. Konow,《The Aryan Gods of the Mitani People》, *Royal Frederik Univ., Pub. of the Indian Inst.* (Kristiana), I, I, 1921）が行なわれていたが、デンマーク人クリステンセン（A. Christensen《Quelques notices sur les plus anciennes pèriodes du zoroastrisme》, *Acta Orientalia*, 1926, pp.89, 93-97）の精密な分析によって、われわれはより真実に近づいた。ボアズキョイにおけるミトラ－ヴァルナ、インドラ、ナーサティア双神は、外交条約の専門家でも、たとえば結婚などのような条約の特定条項の利害関係者でもなく、アーリア人社会の「主要神」であったからこそ招来されたというのである。しかし残念なことに、彼はこの神々の首脳たちを、＊アスラ－ダィヴァという二元論的対立の枠組のなかでしか「考察」しなかった。たしかにこの対立はイランでは重要で現実的であったが、ヴェーダ期インドではあまり重要ではなかった。この結果彼は、テキストの示す方向とは反対に、これらの神々を人工的にミトラ－ヴァルナとインドラ－ナーサティア双神の二群に分割してしまった。ヴェーダにおける三機能の記録やボアズキョイの条約と同じ神々の列挙例との比較によって、私が余りにも単純とも思える解釈に到達したのは、やっと一九四〇年になってのことであった。ここでは一九四五年の私の著作から、その解釈の要約を引用しておく〔NA, pp.51-52〕。

ボアズキョイでは、ミトラ－ヴァルナの次には同じ形式で「インドラ－ナーサティア双神」が来ているが、同じ種類の性格を二度繰り返して代表しているとは考えられない。ミトラ－ヴァルナは主権神、つまり聖性と正義を司る神々、祭司と法律家であり、必要な補佐役を従えた王権の神々である。これに対し第二水準のインドラは、戦士機能、戦闘的貴族階層、そしてマリアンニの神である。そしてさらにもう一段下の水準には、第三階層の守護者であるナーサティア双神がいる。王はこれらの神々をこうした順序で挙げていくことで、二つのはっきりした操作を行なっているのである。第一に彼は自らの王国社会を、正しい姿で彼自身と関係させる。第二に彼は、運命と摂理の三大領域に対して加護を祈っている。それはまた、もし虚偽の誓いをしたならば滅ぼされてもよいという彼の呪いの認め方とも対応している。呪いは彼自身からその民衆と国土へと及ぶ。不毛、追放、忘却、神々の側からのすべてにわたる憎しみ……。そうしてゆっくりとすべてが滅んでいく。

五　ヴェーダ宗教において三機能を体現する神々の特徴列挙

以下の分析を読者にわかりやすくするために、ここで三機能の観点から、これら各種の神々が志向する方向やその限界を明確にすることに、多少言葉を費しても無駄ではなかろう。ボアズキョイの公文書とインドの讃歌や儀礼の定式との一致は、これらの神々がヴェーダ期以前に遡ることを明らかにしている。

それらがどのような価値を持っているかを要約しているのが、私の小著『印欧語族の神々』（一九五二）からの以下の引用である〔*DIE*, pp.11-14〕。

第一機能がふつう二神によって代表されているのは、偶然ではない。最古期のインド人は、主権には二つの顔、二つの半身があると考えていたのである。こうした主権の二側面は、対照的だがしかし相補し合うもので、等しく必要とされ、二神の「王」、ミトラとヴァルナが体現し、司っている。人間の側から見ると、ヴァルナは憂慮すべき怖るべき主人で、形象を作る魔法のマーヤー「幻力」を持っていて、索と縄によって瞬時に抗し難い縛めを行なう。これに対し、「契約」そして「友」を意味する名を持つミトラは、ひとびとを安心させ、恩恵に富み、法や正しい関係や規律の守護者であり、暴力とは無縁である。ヴァルナはより専制的で、つまりより神らしい。ミトラはほとんど神的祭司である。第一機能の枠のなかでだが、ヴァルナは暴力、戦争という第二機能とより近く、ミトラのほうは、第三機能によって支えられている平和な繁栄により近い。この対照が余りに鮮明なので、長いあいだにわたってヴァルナのほとんど悪魔的な特徴ばかりが強調されてきた。ヴァルナはアスラの代表ともされる神だが、アスラはヴェーダ以降の宗教のみならず、すでに『リグ・ヴェーダ』の多くの詩節においても、幽玄不可思議な魔神たちとされているのである。

インドラ（インダラ）はまったく別な側面を帯びている。暴力的な力の動きや働きや必要性がそれで、戦闘の場では勝利や戦利品や力を産み出すものである。この電撃で武装した大食漢の闘士は、悪魔を殺し、宇宙を救済する。武勲を挙げるため彼は力と狂乱を与えるソーマに酔う。彼はまた踊り手、ヌリトゥである。彼の輝やかしくかつ騒々しい従者たちがマルト神群で、彼らは若い戦士マルヤの軍勢の大気現象的反映というべきものである。神とその従者たちが体現する武勲と力の充溢の道徳は、第一水準において結び合っている二つの力、厳格で容赦のない至上力と寛容な恩恵、のいずれとも対立するものである。

最後の水準の規範神であるナーサティアまたはアシュヴィン双神は、第三機能と呼ばれるきわめて複雑な領域の一部を代表しているにすぎない。彼らはとりわけ健康、若さ、豊饒性の授与者だが、病弱者のみならず、恋する者、婚約者のいない娘、不妊の家畜などに救いの手を差しのべる医者でもある。しかし第三機能とはそれ以上に幅広いものであり、健康や若さのほか、食物、人や物の豊富さ、つまり社会集団と経済的富も含んでいる。さらに大地、つまりサンスクリット語でクシ（kṣi-）という重要な語源で表わされる平和で堅固な楽しさ、との結びつきも含まれる。またアシュヴィン双神は第三水準において、その機能の他の側面である愛情生活、豪奢、母性などを司る男女の神々（プーシャン、プランディ、ドラヴィノーダー、「耕地主」、サラスヴァティーや他の地母神たち）や、複数性、集合性、全体性の特徴を司る神々（たとえば皮肉にも神々の特定の階層と誤解されてしまった「一切神」）によってしばしば補助されている。すでに『リグ・ヴェーダ』八・三五では、第三機能の標語として「諸氏族《ヴィシャス》」という複数形の語が用いられており、上位二機能を特徴づけている中性単数の語ブラフマン、クシャトラとの対比を示している。

これは区分された神学という構造のよい例である。そしてこれが破片や断片をつなぎ合わせて作り上げられたと考えることは難しい。全体性やプランこそが細部を決定するのである。それぞれのタイプの神はその固有の方向づけに際して、他のすべての神々の臨在を是非とも必要としている。こうした神々の一群やそのヴェーダ以前からの存続を認識した結果、私は一九四五年に、長年論じられてきたアヴェスタ神学の一つの重要な特徴を説明することから始め、イラン宗教の解釈における決定的な第一歩を踏み出すことができた。

六　ゾロアスター（ザラスシュトラ）の改革におけるインド・イランの三機能諸神

ゾロアスターの名を冠された深遠な宗教改革は、むしろ同じ方向を取って行なわれていた一連の漸進的な宗教改革の一つの頂点と見られるべきものだが、ともかくそれによって祖先崇拝的な多神教は大きく変化した。この改革の過程で生じた結果は歴史的に検証できる。またその出発点となった歴史以前の状態も、今日知られているヴェーダ期およびそれ以前の時代の図式ときわめて近かったことは確実であり、これまた決定できる。これら二つを考え合わせるなら、この改革運動の方向を示唆するいくつかの基軸がただちに現われてくる。「ガーサー」以外の部分の『アヴェスタ』は、二つの点で「ガーサー」と異なっている。一つは「ガーサー」の非妥協的な一神教が緩和されている点、もう一つは大神アフラ・マズダー——インドでヴァルナと呼ばれた大アスラの昇華された姿であるのは疑問の余地がない——の下に、ボアズキョイのリストの主要諸神と同じ名前を持つ高位の神話的存在（ミスラ、インドラ、ナーンハイスヤ）が再び姿を現わしている点である。ミスラが神のままであるのに対し、インドラとナーンハイスヤが大魔の名となっていることは注目に価する（ただしインドの式文でナーサティアがインドラの後にくるのと同様に、両者はつねにこの順で列挙される）。またヴェーダのシャルヴァに対応する古くからの神サウルヴァも大魔とされている。この神もインドラと同様に力や暴力と関係しているが、その仕方はインドラとは異なっている。こうした悪魔化は、この改革が第一機能に属する祭司によって行なわれたこと、そしてそれ自体が純化された存在である第一水準の高い道徳がゾロアスター教社会全体に一律に課せられていったことを示している。この改革では伝統的に他の行動様式——戦士の狂乱と豊饒儀礼——を代表し正当化してきた神的保護者が、拒絶され、排斥され、悪魔化された。豊饒儀礼の馬鹿騒ぎはたしかに戦士の狂乱ほど血なまぐさくはないが、しかしやはり自由奔放であるのに変わりはないのである。

七　ゾロアスター教の陪存在

「ガーサー」に見られる新しい純粋状態の一神教神学も、その表現法は異なっているがやはり三機能の図式内にとどまっている。その顕著な特徴は、唯一の大神につき従う抽象的陪存在の一群である。それらは「ガーサー」ではまだ集合的な名称を持っていなかったが、後になるとアムシャ・スプンタ「不死なる恩恵（または効能）」という名のもとに、一定の順序でつねに一括されるようになる。これら陪存在が、「ガーサー」においてすでに神から分離した創造物あるいは投射体――一種の大天使――であったのか、それとも単なる神の諸側面であったのかという議論も行なわれているが、それは私がここで取り扱おうとしている陪存在の起源に関する問題にとっては重要なことではない。

「ガーサー」の言語と文体はきわめて不明瞭だが、その不透明さは意図的で洗練されたものである。だが幸いなことに、問題解決の方向づけには、単語ごとの不確実さに左右されないようないくつかの事実を利用することができる。(1)これらの陪存在の名称の意味および文法的構造が、いくつかのことを教えてくれる。(2)詩節のほとんどには一つあるいは複数の陪存在の名称が含まれているので、その数は多数にのぼる。それらを用いて統計的な観察ができる。つまりそれぞれの陪存在の相対的頻度や各種の組み合わせの頻度がわかるわけで、それだけでもこのシステムの重要な特徴が明らかになる。たとえば、この叙事詩的讃歌は、その意図や形式や文体のため、後代の散文儀礼テキストとは異なり、詩人に陪存在を合理的な順序で一覧表にして提示することを許さないが、個別に行なわれている陪存在への言及の頻度を表にしてみれば、詩人がそれぞれの陪存在に与えている相対的な重要度が結果的に明らかになる。こうした操作を行なうと、後代にアムシャ・スプンタの名のもとにつねに行なわれた階層順序づけとまったく同じ順序が結果となって出てくる。つまりそうした階層順は、すでに「ガーサー」においても存在していたと考えられるのである。(3)「物質要素」のリストによっても、解釈の手がかりを得ることができる。これらの要素は、陪存在のそれぞれと結びつけられており、讃歌自体もその結びつきに明確に言及している。(4)最後に、「ガーサー」の部分以外の『アヴェスタ』では、陪存在のそれぞれが特定の大悪魔と対立させられており、いくつかの場合には、陪存在の解明に寄与している。

こうして次の表が得られる。

	抽象的陪存在	それぞれが司る物質要素	対立する大悪魔
1	ウォフ・マナフ（善思）	牛	悪思
2	アシャ（天則）	火	インドラ
3	フシャスラ（力）	金属	サウルヴァ

4　アールマティ（献身）　大地　ナーンハイスヤ
5　ハルワタート（健康）　水　乾き
6　アムルタート（不死）　植物　飢餓

八　陪存在に転写されたインド・イランの三機能諸神

大天使と神の諸側面のいずれにこの陪存在を解釈するにせよ、この図表はやはり問題として残る。他にももっと簡単に考えつくものもあったろうに、なぜこれらの六者が選ばれたのだろうか。なぜこの順序なのだろうか。また二つまたは三つずつにまとめられるグループ化の傾向、つまり関連性の存在を統計は示しているが、それはなぜなのだろうか。また個数があまり多くないにもかかわらず、なぜこの体系の作成者は末尾において一見浪費とも思われることをしているのだろうか。つまり「健康」のすぐつぎには、「不死」という同じような内容のものが来ていて、しかも両者はほとんどつねに一緒に名を挙げられているのである。最後に、第二、三、四位という限定された位置が、実体は改革によって排斥された古い神々にほかならない三つの大悪魔に与えられているのはなぜなのだろうか。ゾロアスター教の陪存在とヴェーダやミタンニの機能諸神のリストとの比較は、これらの問題全体を解く鍵を与えてくれるのである。

(1)　最後の二項は名称も関連しているし、ほとんどつねに一緒にされている。二項が示す観念の近さ、二項と関連させられている物質要素、そして二項の階層中での位置などから、健康と生命を授け、老人を若返らせ、水と植物を含め医学的効力を保有する不離の双神ナーサティアのことが思い浮かぶ。

(2) 二項のすぐ上に位置する第三機能的陪存在は大地であり、母、養育者であるとともにイラン家庭の主婦の理想像でもある。彼女は、ヴェーダにおいて第三機能を述べる際にナーサティア双神と並んで列挙されることのある何人かの女神（サラスヴァティーが代表的）を想い出させる。ゾロアスター教の陪存在の上位三者が中性名詞なのに対し、下位の三者はいずれも女性名詞である（ヴェーダ語でもヴィシュは女性で、ブラフマンとクシャトラは中性）。つまり下位三者は、第三機能に属すると思われる。さらに第三機能陪存在であるこのアールマティは悪しきナーンハイスヤと対立しているが、ナーンハイスヤは同じ機能の規範双神ナーサティアの悪魔化された姿にほかならない（ただし単一存在に作り変えられている）。

(3) 第三機能の上にはフシャスラがいるが、この語はヴェーダのクシャトラと同系である。後者からはインドの階層名クシャトリアが派生し、また『リグ・ヴェーダ』八・三五においてもすでに、この語は第二機能を弁別的に特徴づけている。またオセット人のナルト叙事詩では、この語がエクセルテグという形で、逞ましい英雄たちの家族の名として弁別的に用いられている。フシャスラと結びついている「金属」は特定の価値を与えられてはいないが、文脈からそれが金属製の武器を意味していることは明らかである。またこの陪存在と対立する大魔サウルヴァはヴェーダの神シャルヴァと同じ名であり、シャルヴァはルドラの別名とされている。ルドラの性格は複雑で、ここで検討する余裕はないが、彼が弓の射手であり、マルト神群の父であるという点だけからも、第二機能と近い存在なのははっきりしている。

(4)　最上位の二者の陪存在は、最も多く登場するし祈願されている。彼らは神に最も近く、進んで神と交わるのだが、それぞれの名前も重要な意味を持っている。アヴェスタ語アシャ（古代ペルシア語アルタ（Arta-）参照）は、ヴェーダ語リタ（ṛta-）と同系である。リタとは宇宙的・儀礼的・社会的・道徳的な秩序〔天則〕であり、二人の主権神によって司られているが、そのうちでも主として（形容辞《エピセト》としては独占的に）非妥協的で恐ろしいヴァルナの側に属している。ウォフ・マナフ「善思」のほうは、「ガーサー」の一連の詩節のみならず「ガーサー」以外のすべての文献において、アシャとは反対で人に近いとされている。これは、恩恵に富み友情に篤いミトラが人に近く、「他界」であるヴァルナと対照的に「現世」とされるのに対応している。『ヤスナ』四四の第三、第四詩節は、この点を解明する上で有効である。これらの詩節は、アシャとウォフ・マナフのそれぞれに遥かな宇宙と眼前の世界をはっきりと割り当てているが、これは『リグ・ヴェーダ』四・三・五がヴァルナとミトラに対して行なっているのとまったく同じことである（それぞれに従う陪神たちについては、次章で取り扱う)。ウォフ・マナフは、物質要素では牛と結びつけられている。以前から知られている事実だが(とくにクリステンセンによる)、インド・イラン人の分化以前からすでに、牛は主権神ミトラの特別な庇護のもとにあった。最後に陪存在アシャが大魔インドラと組み合わされている点だが、これは『リグ・ヴェーダ』のいくつかの讃歌で主権神ヴァルナと戦神インドラの言い争いが行なわれていることと関係があると思われる。彼らは異なった道徳の所有者であり、その差異は容易に対立へと転化するのである。

九　ゾロアスター改革の意図

同じ方向に沿った注解を続けていけば、類例をより増すことも対立のニュアンスを表現することもできるが、一九四五年に私が『大天使の誕生』〔NA〕で詳しく論じたアムシャ・スプンタの起源の問題への解決の基礎を示すには、これで十分であろう。つまり、一神教的ゾロアスター教の六柱の陪存在リストとは、インド・イラン人の多神教中の三機能諸神のリストを透写し、模倣したものなのである。より正確にいえば、もとになったのはインドでも見られる異形の一種で、ボアズキョイの場合のような五柱の男神に、ナーサティア双神にきわめて近い第三機能の母神がつけ加えられたものである。なぜこうした模倣が行なわれたのだろう。なぜゾロアスター、または彼の名で代表される改革者たちは、これら「偽りの神々」をさっさと全面的に削除してしまわなかったのだろう。祭司と哲学者の知識が三機能的構造に根差していたことがその原因なのは疑う余地がない。彼らは分析の手段として、また生命について思索するための枠組として、その有効性を認知していたのである。また彼らが予言を宣教し、説得したり信仰を変えさせようと願っていたひとびと、つまりアーリア人も、やはり同じ思考体系に属していたわけで、ひとびとの旧来からの信仰を変えさせるには、それと同じ形式の代用物を与える必要があったのである。そしてもう一つ、このような形で提示された教えは、疑いもなくより説得的であった。この改革の現実の目的の一つは、すでに見たように戦士や生産者のグループに固有な道徳を破壊し、それに代わって浄化された祭司階層の道徳を広めることに置かれていたのである。たとえばそれまで自律的なインドラが威力をふるっていた領域には、聖なる宗教に帰依した模範的な存在の「力」フシャスラが代わって置かれるようになった。それは旧来の体系の支持者たちにとっては、単にこの異教の神を否定したり、異教神学中のこの領域を抑圧したりするよりも、一層大きな打撃を与えたのである。ゾロアスターの改革とは、陪存在に関する限りでは三機能のリスト中の神々を、その順序通りに等価物で置き換えたということになる。しかしその本質は、神々からその性格を奪い去り、新しい魂、唯一神の意志と啓示にふさわしい魂のみを吹き込むことに存したのである。「ガーサー」にはじめて触れた研究者は、そこに登場する陪存在が、名前こそ異なれいずれも似通っていて、相互に変換可能だと感じ、意気込みを挫かれることが多いが、これは上記のような理由によるのである。またアムシャ・スプンタのすべてが、どの水準に位置していようとも、いかなる機能神が昇華したものであるにせよ、行動面ではいずれもインドの第一水準の神群、つまりミトラとヴァルナを主神とするアーディティア神群を思わせるのも同じ理由による。陪存在とインドの主権神群の類似は疑いようのない事実であり、ガイガーやバールによって正しくも強調されたが、袋小路に陥っていた陪存在の起源の問題の障害を取り除くのに余り役立ったとはいえない。陪存在はヴェーダの主権神のみの古来からの規範的等価物ではなく、ヴェーダの三水準の神々の等価物が、熱意を持った態度で厳格な「聖性」の形へと還元され、一体化されたものなのである。そこには主権神はもちろんだが、その補佐をする荒々しい神と活気を与える神々もひかえていたのである。

一〇　インド・イランの三機能諸神と歴史的解釈

こうしたアムシャ・スプンタの解釈は、ただちに多くのイラン学者によって承認されたが、それを私がより一層発展させることができたのは、だいぶ後になってからであった。その一部は以下の章（第三章八節）で述べることにしたい。ここでは比較研究の立場から見て、この解釈によってもたらされたと思われる主要な成果に話を限定しておきたい。ミタンニとヴェーダに見られる階層的に並べられた三機能諸神の規範リストがインド・イラン人の分化以前に遡る以上、こうしたリストや階層順の成立をヴェーダ時代の歴史的あるいは近先史的な出来事によって説明しようとする試みは、すべて禁じられねばならない。インドラを、征服期の社会状態や道徳によって、より古い時代の「大神」ヴァルナに取って代わる「過程の途上にあった大神」と考えてはならないし、ヴァルナのほうも、その少し前には、より古い神ミトラの威光を奪って発達しつつあったなどと考えてはならないのである。もしそう考えるならば、本来一時的なはずの状態、つまり一部の神々の力が伸長し、他の神々の力が衰退するという不安定な関係があるとき固定化され、進化のその過程のままで結晶化したことになってしまう。ミタンニの分派インド人の場合やヴェーダに固有の讃歌や儀式、そしてさらにはゾロアスターの改革のヴェールの下に読み取れるイランの多神教などのすべてについてこうした同じ見取図を描くならば、何世紀にもわたって、ある項は伸長して最大のまま、別の項は衰退して最小のまま、ずっととどまり続けたと考えなければならなくなる。しかし「歴史」が三度〔ミタンニ、インド、イラン〕までも同じであったとか、早い時期に分離したこれら三社会で、「歴史」がこれほど似通った知的影響を所持していたなどとかは、ありえないことである。唯一可能な解釈とは、出発地点はどこであったにせよまだ未分化であったインド・イラン人が、彼らの約束の地に到着したとき、彼らはすでに一つの神学を所持していたと考えることであろう。この神学では、*ヴァルナと*ミトラ、あるいは*ヴァルナと*インドラの関係は、讃歌のなかに残っている関係とすでに同じであった。つまり機能間の関係やそれが支える神々の一群は偶然の出来事の所産なのではなく、概念的、哲学的な所与なのであり、「左」が「右」を前提とするのと同じような、それぞれの項が他の項を前提とする状態で行なわれた分析と綜合なのである。つまりそれは思惟の構造にほかならない。インドラのためにヴァルナが衰退したことを示す証拠としてインド学者によってときどき引用されるヴェーダ讃歌の部分も、それ自体はまったく別のことを表明しているのである。たとえば両神は讃歌のなかでおたがいをけなし合ったり、自慢して張り合っている。またインドラがヴァルナを葬り去ったと誇っている讃歌さえある。しかしそれらは、主権機能の「ヴァルナ的側面」とインドラの機能のあいだに生ずる緊張をドラマ化したものにすぎないのだし、この緊張は、社会が両神の恩恵を充全に感じるために存在しなければならないものなのである。三機能の神的守護者の神話は、少なくともその一部で、機能間の差異を明確に示さねばならなかったのであり、現実の社会で行なおうとすれば用心や妥協が必要なことでも、神話のなかではその必要がなかったのである。たとえば魔術的な絶対主権と純粋な戦士力の双方がともに極限まで推し進められた場合、対立は不可避となる。もし実際の社会生活の場面でそういう対立が起こったなら、簒奪、無政府状態、圧制が生じることだろう。これこそが讃歌に見られる状態であり、ヴァルナとインドラについての神学が表示しているものである。両者はほとんどの場合に協力し合っているが、いくつかの対話的讃歌では、詩人は政治家が賢明にも避けているこうした極限状態にまで踏み込んで、両神をよりよく定義し、「見たり、見せたり」するために彼らをライヴァルとして対置しているのである。これはたしかに古来からの状態、修辞的訓練であったと思われる。なぜならゾロアスター教では、排斥され悪魔化されたインドラをとくにアシャの敵対者としているからである。アシャとは、そのなかに*ヴァルナが純化されて生き残っている陪存在であった。

一一　インド・イランの三機能諸神間の交流

しかしこうした観察は同時に、表裏の関係に立つもう一つの観察によって補正されねばならない。三つの神的水準の機能定義は、統計的にも厳密である（ヴェーダ文学は、統計的処理を行なえるだけの量がある）。つまり三機能の定義が整然としているのは、それらが意図的に分類されている、または少なくとも一括してまとめられているテキストばかりなのではなく、詩人たちが他の水準の神々を考えず、ある特定水準の神々のみを考えたり、それらの神々に祈願しているような他の大部分のテキストにおいてもそうなのである。しかしどのような宗教においても、信仰心や希望や信頼の表明が公教要理の理論的枠組を越えてしまう場合がときどきある。インドではとくにそうであり、ヴェーダ讃歌においてすでに感じられるほか歴史的に観察しうる時代を通しても、思考の努力は非常にしばしば、外見や観念などの多様さにもかかわらず、存在の深層部での同一性を認識する傾向にあった。そしてこの「教義中の教義」をはっきりと表明するため、一部の神々の属性が他の神々に貸与されたりした。また篤信者が実際面で興味を示したのは、どのような救済の道があり、救済のために叩く神秘の扉にはどのようなものがあるか、といった点であったのはもちろんだが、その他にも、彼に応えてくれる神々のすべてが連帯し、協力してくれることにも格別の関心を持っていたのである。こうしてひとびとが神々の助力の必要を感じるような作業の場合では、機能集団の全体ないしは諸部分に加えて、そこに属さない専門職の神々も必要であると考えられた。よい例が雨の場合である。雨は地上の水を増し、「第三機能」の神々が司る牧畜や農業に関するタイプの富のほか、健康自体をも直接的、間接的に供給するが、その獲得は天上での戦闘によるのであり、乾燥をもたらす強欲な悪魔たちから、河あるいは天上の牝牛群という形で奪取されるのである。それはインドラとその援助者、とくに戦士団マルト神群によって行なわれる輝かしい武勲である。また雨は天と地を結びつけ、世界の存続を保証するのだから、主権神群にとっても無縁なものではない。最後に、雨を降らせるという技術的作業については、パルジャニヤが専門家であったと思われる。だがなぜ詩人たちはいつも、このように功績を厳密に正しく配分しようと努めたのであろうか。それは作業が共通であり、したがって称賛も単一とならざるをえないからであろう。偉大な戦士インドラが彼の行為の結果ばかりか行為の形態においても、豊饒と富の賦与者として盛んに称賛されているのも格別に驚くには当たらないのである。だが神学について注意深い読者なら、インドラがどんな暴力的なやり方で家畜の群を入手し、水を解放したかを忘れてはならない。インドラは男性のサラスヴァティーでも、プーシャンやドラヴィノーダー〔「富の賦与者」〕のグループに属する神でもないのである。

一二　他の印欧語諸民族における三機能神学

こうした神群が分裂以前のインド・イラン人のもとで存在していたのがたしかな以上、われわれが第一章で見たような三区分イデオロギーは、さらに古い印欧語族の時代に遡るに違いない。したがって、古くからの資料が豊富に残されている他の印欧語諸民族の神学についても、彼らの式文や儀礼の用例中に類似の神群が認められないかと探ってみることは、正当かつ必要であるといえよう。こうした探求は一九三八年から開始されたが、古代イタリア人とゲルマン人の領域で、ただちに成果をもたらした。とはいえ、これら二領域の専門家たちは、自分たちの領域に閉じこもったまま、長いあいだにあらゆる問題についていかめしくもっともらしい説明を作り上げていたし、私の新解釈は従来事実とされてきたものに対してきわめて多くの場合疑問符をつけざるをえず、またきわめて多くの議論の弱点を指摘し、それらを疑わしいとしたので、余り歓迎はされなかった。全体として反対意見は北欧の場合も古代イタリアの場合も、「領域専門文献学者」からとくに強く示された。彼らは先史、そして最古の文献が示す複雑な神学的図式の「形成過程」などを年代的――しかしその年代とはまったく仮想的・主観的である――に考える習性を身につけていたのである。けれども、すでに概略を示したような比較研究の見地からするなら、これらの神学的図式はその本質において、印欧語族がすでに明確化していた三機能の区分と協同を表明する概念構造としてただちに解釈されるものであった。

一三　ユピテル・マルス・クゥイリヌスとユウー・マルトゥー・ウォフィオノー

ウンブリア語を使用するイグヴィウムとラテン語を使用するローマという二つの古代イタリア人社会について諸文献が明言するところによれば、両社会には似通った三神群があり、しかも群中のはじめの二神は双方に共通であった。それらは、イグヴィウムのユウー、マルトゥー、ウォフィオン（ウォフィオノ）―と最古期ローマの前カピトリウム丘三神群、ユピテル、マルス、クゥイリヌスである。これらの対応だけからしても、従来のようにローマの三神群を偶然や連続的堆積や地方史の妥協として説明しようとするのが誤りであることがわかるだろう。なにより、どのようにして相互に独立した二地域での出来事の継起が、これほど似通った二つの神学、二つの神的階層順位を生み出しえたというのであろう。

一四　前カピトリウム丘三神群

ローマに三神群が存在したこと――これについてさえ反対した者もいた――は疑いがない。その証拠としては、これらの神々がローマの全歴史を通して、彼ら三神の他に類例を見ない、厳格に階層化された祭司たちによって仕えられていたことが挙げられる（*ordo sacerdotum*: Festus, p.198 Lindsay）〔Sex Pompeius Festus は二世紀後半の人で Verrius

Flaccus, *De significatu verborum* の梗概《エピトマ》を作った。頁数はフェストゥスの標準的校訂版である W. M. Lindsay ed., Teubner, 1913, 2 Aufl. のもので、その *ordo sacerdotum*「聖職者順位」の項の説明を見よという意味である〕。彼らは国家の最高祭司であり、彼らより上位なのは祭司王という、権力は奪われたが神聖とされていたかつての王の継承者のみであった。彼らは三人の大フラーメンたち、すなわちユピテルのフラーメン、マルスのフラーメン、クゥイリヌスのフラーメンである。

この前カピトリウム丘三神群は、歴史時代にはすでに過去の遺物となっていたが、それは最良最高のユピテル、女王ユノ、ミネルヴァというまったく異なった種類の三神群〔エトルリア人の王たちの時代にローマ七丘の一つカピトリウム丘にこれら三神を祀った神殿が建てられたので、通常「カピトリウム丘三神群」と呼ばれる。ユピテル、マルス、クゥイリヌスの三神群は、年代的に「カピトリウム丘三神群」に先行すると考えられるから、「前カピトリウム丘三神群」と称される〕によって現実世界から追放されたためである。前カピトリウム丘三神群は明らかに太古的ないくつかの儀礼や表現中にのみ生き残っていた。年に一度、ヌマ王の設立によるとされるある儀式のため（リウィウス、一・二一・四）、三人の大フラーメンは一台の馬車に乗って荘重に都を進み、女神フィデス〔信義〕に一緒に供犠を行なった。また祭司サリイは、おたがいに見分けのつかぬ十二の楯〔sg. ancile, pl. ancilia〕を保管し、そのなかの一つは天から降ってきて、それにローマの運命がかかっているという聖楯とされていたが、このサリイは「ユピテル、マルス、クゥイリヌスの保護下」にあった(Servius, *ad Aen.*, 8. 663)〔セルヴィウスは四〇〇年頃のラテン文法家で、マクロビウスやウェルギリウスの作品の注解で有名。ここの出典は彼のウェルギリウス『アエネイス』八・六六三への注解〕。またローマの将軍は、自軍が危機に陥ったとき、敵の軍勢とともに自らをも地下の神々に捧げるという悲劇的な儀礼デウォティオを行なったが、この儀礼の冒頭には神々への呼びかけの式文があった。リウィウス（八・九・六）に正確に転写されていると考えられるこの式文では、まずすべての始原を司るヤヌスが呼ばれ、ついで古い三神群が続き（*Jane, Juppiter, Mars Pater, Quirine*...）、その後は戦争女神《ベロナ》や屋敷神《ラレス》などが続いている。最後に、ポリュビオス〔前二世紀のギリシア人でギリシア語でローマを中心とした『歴史』*Historia* を著した〕によれば（三・二五・六）、条約の締結に際して従軍祭司《フェティアレス》は証人として、まずユピテルを、ついでマルスとクゥイリヌスを呼んだという。

　こうした前カピトリウム丘三神群への一括的な呼びかけに共通なのは、ローマの社会総体が自らの全体性そしてその正常な状態においてそれに関心を示しているということである。「公の信義」なしには社会のまとまりは存続できないし、継続的ないしは緊急の守護、外交的取り決めもやはり欠くことはできないのである。しかしとりわけ啓示的なのは、三人の大フラーメンたちが一緒に行動したとわかっている唯一の場合とされるフィデスへの供犠である。しかも彼らはそれを人目につくように行なっている。同じ馬車に乗り合わせること、そして聖なる行為をともに行なうことからは、ユピテル、マルス、クゥイリヌスのそれぞれが司っていた三つの「事項」の一体性をフィデスの保証下に置くことが問題であったのが窺える。これら三「事項」の総合と調整はローマの存続に必須のことであった。さてこれらの「事項」とは何であったのだろう。

一五　前カピトリウム丘三神群でのユピテルとマルスの価値

それに答えるのは難しくないが、それには条件がある。まず第一に、マンハルト（一八三一―一八八〇。古代ローマ宗教をヨーロッパ農民の民間信仰から説明しようとしたドイツの民俗学者。『穀霊』（一八六八）や『森と畑の儀礼』（二巻本、一八七五―七七）などが代表作）の追従者たちや己れの学問の限界に無頓着な考古学者たちが四分の三世紀前から唱えてきたような三神群を偶然の結果とする見方よりも、ローマ人自身が残した見方のほうを尊重すること。次に、イグヴィウムとローマでともに神々がこのように結びつけられ階層化されたのは、神々が相異なるがしかし相互に補い合う働きをしていたためであるのを忘れないこと。そして最後に、これらが三大フラーメンの神々なのだから、これらの祭司について知られている事実をとりわけ重視すること、である。そしてこうした規則や注意事項を守るならば、ただちに次のことが明らかとなろう。すなわち、フラーメン・ディアリスが礼拝や振舞いや積極的にであれ消極的にであれ数え切れぬほどあった義務などによって仕えていたユピテルとは、ディウスと同様に（両者の微妙な差については次章で論ずる）、いと高き天の神であり、ローマ人の生命や存続や力を保証しつつ、秩序や最も厳格な神聖さの遵守などを司っていた神なのである。次にマルスだが、数多くの碑文や文献の示すところに素直に従うなら、彼はローマの戦う神であり、肉体的力の司り手であった。ヴェーダにおけるインドラの場合と同様に、この力は三つないし四つの状況（ただしそれ以上ではない）において、ローマの農民たちから、彼らの牛や収穫を益するよう働くことを願われるものであった。牛もマルスと同様に力強くある必要があったし、また豊作は目に見える場合も見えない場合もある多くの悪しき精霊によって脅かされていたからである。しかしわれわれが知っている限りでは、この力の使用例の圧倒的多数は、ローマの伝説的起源から帝国の衰退に到るまで、勝利を与える力としてのものであった。

一六　クゥイリヌス

クゥイリヌスは歴史時代に三神中ただ一神「過去の遺物」になっていた。古代の博学者たちは大体において、当時流行していた似非《えせ》語源学に基づいてこの神について相矛盾する説を提示しており、その結果として現在の研究をますます面倒にしている。だが幸いにも、われわれには彼のフラーメンの職務、その他のいくつかの儀礼にまつわる事実、神名、古代人のいくつかの客観的報告などが残されている。こうしたさまざまな情報源から、複雑ではあるが一貫性をもった見取図が得られるのである。

(1)　フラーメン・クゥイリナリスが臨席した祭は三つ知られている。四月二五日のロビガリアでは彼はローマ近郊の畑で犬を犠牲獣として供え、それによって穀物の穂を脅かす黒穂病を斥けた（オウィディウスは、「〔穀物よりも〕固き鉄〔＝武器〕を襲え」と付言している〔『祭事暦』四・九二三〕）。八月二一日のコンスアリアでは、彼は貯えら《コンデーレ》れている穀物の神コンススに供犠を行なう。一二月二三日には、彼はラレンティアの「墓」で供犠を行なう。良く知られている物語〔たとえばプルタルコス『ロムルス』五〕によれば、彼女は情欲、富、鷹揚さを体現する遊女であり、死ぬ際にその巨額の富をローマのひとびとに寄贈したので、祭祀を受ける栄誉を得たという。クゥイリヌス自身の祭は二月一七日のクゥイリナリアだが、これは穀物を焙じる民会の祭フォルナカリア〔パン焼き竈に由来〕の最終日と一致している（というより、おそらくその日がそう呼ばれていただけらしい）。また彼の祭司が出席する他の二つの祭祀状況においては、クゥイリヌスは農耕的豊饒の人格化であるオプス女神と関係している。ある碑文によれば、八月二三日のウォルカナリアでは、クゥイリヌスとオプスが明らかに火災を防ぐ者として栄誉を授けられている神々のなかに含まれている（*CIL*〔*Corpus Inscriptionum Latinarum*『ラテン語碑文集成』〕I^2, p.326)。クゥイリヌスに帰属するサリイの存在を正当化する伝説は、この祭司団を設けるという誓約が、オプスやサトゥルヌスの祭を設けるという誓約と同じ理由のためになされたと伝えている（Dion. Hal. 3.

32. 4〕。同神の祭祀的記録はこれですべてだが、これらの事実は彼の活動が穀物（三つの祭。その一つは彼自身の祭）、農業神コンススとオプス、そして富と地中などと一律に、しかもそれらとのみ結びついていたことを立証している。また同じ意味は次の事件からも導き出される。前三九〇年にガリア人が攻めてきたとき、ローマは聖物を地中に埋めねばならなかったが、それを行なったのは当然予想される王や国家第一の祭司フラーメン・ディアリスではなく、フラーメン・クゥイリナリスであった。

(2) クゥイリヌスの名は、クゥイリテス、すなわち市民的活動の枠でとらえられたローマ人の総体、とは決して切り離しえない。ユリウス・カエサルの生涯の良く知られた逸話が示すように〔プルタルコス『カエサル』五一・一等。Dumézil, *JMQ IV*, p.162, n. 5 参照〕、この語は兵士としてのローマ人総体と正反対のものである。クレッチュマーはクゥイリテスをクリア（curia）〔元来は「集会」〕（ウォルスク語 couehriu）と関連する語で、「社会的階層に応じて集まったひとびと」の意味であろうと提唱した。つまりクゥイリヌスは（ドミヌス（dominus）〔「主人、支配者」〕がドムス（domus）〔「家」〕に発するのなどと同様に）、この「機構化された社会集団」（*co-uir-io/a）の本質の守護者であるというのである。この語源解釈はそれ自体で満足すべきものだが、さらにピサーニ（一九三九）そしてそれとは独立にバンヴェニスト（一九四五）によって、一層確実なものとされた。彼らはウンブリアの三神群「ユピテル、マルス、ウォフィオヌス」のなかのクゥイリヌスの対応神〔ウォフィオヌス」の名が、おそらく*Leudh-yo-no「集団の守護者」（ドイツ語Leute〔「ひとびと」〕、ラテン語liberi「自由民集団、自由民身分に生まれた子供たち」等参照）の音韻的に厳密な帰結であろうことを示している。この語はラテン語*Co-uiri-no-と完璧に対応する同義語《スィノニム》である。社会総体と平和は、大地の耕作と並んで、第三機能に想定される側面なのである。

(3)　しかしこうした平和の様態には、ローマの刻印が附されている。またそれは、以後の数世紀にわたって、イタリア半島、地中海、古代世界を征服し、ローマ化し、「ローマの平和」の重要な恩恵をもたらした驚くべきメカニズムにも貢献している。ローマ人にとって平和とは、絶対的で安楽なものではなく、彼らはつねに警戒を怠らなかった。軍隊は戦争のないときも維持され、市民クゥイリテスも明日の兵士ミリテスとしていつでも動員可能であった。さらに法の制定者たる民会も武器こそ持っていないが階層毎に分かれていて、実態は首都ローマ軍といってよかった。つまり平和とは、必ず戦争を意識させるものであったわけである。こうした体制や心の在り方こそがクゥイリヌスが司っていたものであり、また彼の地位の特徴が明確に示しているものなのである。ポルトゥヌスは、都の港（portus）の神である以前に門（portae）の神であったのが確実と思われるが、この神のための小フラーメン（flamen Portunalis）は、「クゥイリヌスの武器」に油を塗る役目を担っていた（Festus, s.v. *persillum*, p.238 Lindsay）。つまり武器が実際には使われなくても、いつ何時でも使えるようになっているのを象徴的に示す行為を行なっていたのである。ローマ人自身の「クゥイリテス／ミリテス」としての両義性や「ローマの平和」の軍事的観念は、クゥイリヌスがマルスの異種と考えられたわけや、あるいは平和《エイレネ》を別なふうに理解していたギリシア人が、この神の名を訳すに際して、アレスとは別の古い戦神エニュアリオスの名を当てたわけをわれわれに納得できるようにしてくれる。また同じ観点からウェルギリウスの注釈者セルヴィウスの二つの注を考えてみることは、きわめて有意義である。それらは現在に到るまで「馬鹿馬鹿しい」とされてきたが、「三機能的」な新しい視座によって、その意義がすべて明らかとなるのである（*ad Aen.*, 1. 292; 6. 859)。

猛り狂うとき、マルスはグラディヴスと呼ばれ、他方静かなときは、クゥイリヌスと呼ばれる。彼はローマに二つの神殿を持つ。一つは都のなかにあり、クゥイリヌス、つまり守護者、平和者としての彼のものである。もう一つは都の外、都門の近くのアッピア街道沿いにあり、戦神またはグラディヴスとしての彼のものである……

……クゥイリヌスは平和を司るマルスであり、その祭はローマ内部で行なわれる。なぜなら戦争のマルスはローマの外に神殿を有するから。

一七　ユピテル・マルス・クゥイリヌスとローマ伝説の構成要素

この手短かな概観では、ほとんどすべての点について、その立証に必要な数多くの議論を省略してしまっている。しかしそれでも、前カピトリウム丘三神群の調和的統一における固有の方向性やそれぞれの項の内的均衡がどのようなものかは十分に示されていると思う。三つの相補う領域を定義している符丁とは次のようなものである。まず天、そしてローマを支えるものとしての宗教自体の本質。ついで肉体的力と戦争。第三に農業、地下、社会集団、警戒を怠らぬ平和。そしてこれらが提示する構造は、確実にローマやイグヴィウムに先行し、したがって少なくとも古代イタリア人全般に共通であり、さらにはインド・イラン人の構造とのきわめて緊密な類似からして、印欧語族期に遡る可能性が非常に高いのである。

さてここで機能毎の価値をもう一度見直しておくのも無駄ではないだろう。ローマの起源についての伝承中で三部族の伝説的基盤であった三つの人種的要素も、こうした機能価値を与えられているように思われるのである。王にして鳥占師《アウグル》であるロムルスとその部下は、主権と吉兆の保有者である。ルクモンの命令に従うエトルリアの友軍は、戦闘術の専門家である。敵となるタティウスとサビニ人は娘たちを持ち、家畜に富み、さらには戦闘を嫌って、それを回避したりなしくずしにするよう努力する。よく見られる異伝では、すでに論じたように（第一章七節）エトルリア人要素が省略され、はじめの二項の特徴はロムルスとその従者たちに集中されている。この形では、まことに適切にも、前カピトリウム丘三神群は敵対しつつも将来は一緒になる二つのグループ間に振り当てられている。ロムルスはつねにユピテルの庇護下にある（最初の〔鳥占いの〕吉兆。戦場におけるユピテル・フェレトリウス

〔「戦勝を与える」〕とユピテル・スタトル〔「敗走防止者・戦線維持者」〕)。しかし彼はマルスの息子でもあり、三神群の上位二神の恩恵にともにあずかっている。これに対してクゥイリヌスは(伝承の図式中においてのみだが)、サビニ人の神とされている。彼は「サビニ人のマルス」として、「クゥイリテス」の集団名称とともに、ティトゥス・タティウスによって和解の折に持参金としてローマに招来されたといわれる(「クゥイリテス」とクゥイリヌスのこうした擬・サビニ性は、伝説におけるサビニ人の第三機能の担い手としての特徴づけとよく合致している。しかしそれは、ローマの博学者のあいだで人気のあった語呂合せの「クゥイリテス/クレス〔サビニ人の町の名〕」から主として発しているものである)。とはいえ、この型の伝説とは相容れないもう一つの伝説も知られている。それはクゥイリヌスをロムルスの死後の名称とするもので、創始者ロムルス一人のもとに、吉兆、血縁、神化によって、三神群の三つの要素のすべてを集中させているのである。

一八　ユピテル・マルス・クゥイリヌス三神群の類例《ヴァリアント》

ウァッロ(Varro, *De lingua latina*, 5. 74)〔前二―一世紀のローマの政治家・文人。「ローマで最も博識」と評された(Quintilianus)。『ラテン語について』は最古のラテン文法書〕とハリカルナッソスのディオニュシオス(Dionysios Halikarnasseus, *Antiquitates Romanae*, 2. 50)はローマの起源伝説について重要な資料を残してくれている。それらによれば、ロムルスとティトゥス・タティウスが和解し、サビニ人がローマに入って社会が完全化し、発展可能となってから、二王は祭祀を創設したという。ロムルスが唯一ユピテルへの祭祀を設けたのみなのに対し、ティトゥス・タティウスはクゥイリヌスを含め多数の男神・女神を祀った。それらはいずれも農耕生活、豊饒、地下世界と関係する神々であった。この伝承は次の点からきわめて興味深い。一つには、インドについて見た（第二章五節）のと同じ要素が強調され、ティトゥス・タティウスが体現する「第三機能」の側面の多様さや分割の必然性が窺えることがある。だがそれ以上に、「ティトゥス・タティウスの神々」（伝説での人種的色分けにもかかわらず、それらはサビニ人の神々ではなく、明らかにローマ人の神々である）のなかのいくつかが、規範的な「ユピテル、マルス、クゥイリヌス」三神群の異種《ヴァリアント》にすぎないような三神群の第三項として現われることは見逃せない。たとえばオプス（クゥイリヌスとのつながりはすでに指摘した）やフローラがそうした例である。

「王の住居」レギアでの三種の祭祀が、その遺跡中で並存の状態がなお認められる三つの部屋のそれぞれと対応していたことは疑う余地がない。それらの祭祀とは、⑴最高位の聖職者たちによって行なわれていた祭祀。王《レクス》（ヤヌスに対し）、女王《レギナ》（ユノに）、フラーメン・ディアリスの妻（ユピテル自身に）。⑵マルスの聖堂での戦士祭祀。⑶豊饒女神オプス・コンシウアの聖堂での祭祀、である。同一地点での三つの機能水準の並存は、次のような微妙な状態を示していると思われる。すなわち三人の大フラーメンによって分析され分化されているのと同じ宗教形態が、反対に統合を行なう場合があり、王の手にゆだねられたり、王によって管理される場合がそれに該当するのである。この場合の王は、もはや聖なる力の受肉した姿ではないが、彼はローマの名において聖なる力を行使しうる存在だったのである。

「ユピテル、マルス、フローラ」(フローラは後にウェヌスによって取って代わられる)の三神群は、原初の戦車競走において三台の戦車のそれぞれを守護していたと思われる(戦車競走と機能別三部族や白・赤・緑の三色との関係については、上掲第一章二一節参照)。フローラがこの位置を保持するのにふさわしい理由はいくつかある。たとえば彼女の植生を司る力や、彼女を富裕な遊女ラレンティアのもう一つの姿とする伝説の存在。さらに彼女がローマ自体――クゥイリヌスの司る政治機構としてよりもローマ人集団としてのそれ――と同一視されていたのもその理由である。三神群のもう一つの変種《ヴァリアント》は、「ユピテル、マルス、ロムルス・レムスであるが、この場合のロムルスは、別の側面(ローマ創設までの面。双子性、羊飼いなど)において提示されている。またこのリストは、第三水準の代表や保護者として双神を示しているインド・イラン的規範リストを思わせる。

一九　北欧における三機能諸神

北欧の異教では、オーディン〔Óðinn〕、トール〔Þórr〕、フレイ〔Freyr〕(または最後の項がニョルズ〔Njörðr〕とフレイの連合の形)が形成する類似の三神群が知られている

〔以下これら四神は頭文字でO., P., F., N. と略記される〕。しかしこの三神群も、ローマの前カピトリウム丘三神群と同様、あるいはそれ以上に、妥協の結果だとか、次々に現われてきた祭祀の習合などといったきわめて多岐の進化図式によって説明されてきたのである。この手の説明は安易で魅力的だし、人は考古学的資料から論理的に導き出されたものと信じがちである。しかし実は、それは作為の積み重ねにすぎない。こうした説明への批判は今までも数多くなされてきたが、これからも続けられねばならない。なぜなら経験の教えるところによれば、それを自発的に放棄する学者などはいないからである。本書の限られた枠内では批判も抽象的にならざるをえないが、次の点だけは指摘しておきたい。ペテルセン（一八七六）からヘルム（一九二五、一九四六、一九五三）に到るまで、またウェスセーン（一九二四）からフィリップソン（一九五三）に到るまで、*ウォーサナズの上昇は近年の出来事であるとか、彼は*ティウズに「取って代わった」とか、北欧での最古の「大神」はフレイ、さもなければトールであるといった多くの憶測がなされてきたが、こうした説の提唱者たちの知性、学識、才能にもかかわらずそうした憶測は立証されなかったし、これからも立証されないであろう。われわれは事実のみを問題にしなければならないのである。

まず三神群の存在を実際の資料で確認しておこう。ブレーメンのアーダムは、ウプサラの神殿に祀られていた三神群（O., P., F.）を伝え、それらの三機能的機構を記述している（『ハンブルグ教会司教史』Adam Bremensis, *Gesta Hammaburgensis Ecclesiae*

Pontificum, 4. 26-27)。次にスカルド詩人やエッダ詩中に見られる呪いの式文に登場する三神群がある（O., P., F.-N.『エギルのサガ』*Egils saga skallagrímssonar*, 56〔谷口幸男訳『アイスランドサガ』新潮社、一九七九、八八―八九頁〕）。そして終末論的戦闘に関する詩中で中核をなすのも彼らである（O., P., F.『巫女の予言』*Vǫluspá*, 53-56〔谷口幸男訳『エッダ』新潮社、一九七三、一四頁〕）。これら三神は、それぞれ主要な敵と対決し倒れていく。最後に、神的な宝が分割されるのも彼らに対してである（O., P., F.『詩人の言葉』*Skáldskaparmál*, 43〔谷口幸男「スノリ『エッダ』「詩語法」訳注」、広島大学文学部紀要43-3、一九八三、四一―四二頁〕）。神話体系の全体が彼らの存在を前提としており、他の神々――ただしフレイとニョルズに密接に結びつき、彼らを補完している女神フレイヤ（Freya〔Fa. と略〕）を除いて――はこれら唯一の「主役たち」を囲む端役のようなもので、彼らとの関係においてその役割が定義されるのである。

二〇　アース神族とヴァン神族

ローマの起源にまつわる伝説が、三部族と結びつかねばならず、また三機能を代表せねばならないのに、しばしばその構成要素を二つにまとめていたことを憶えておられるであろう。王・鳥占師ロムルスと彼の従者たちは、「神々と力強さを」、つまりユピテルとマルスの領域に属する聖に関わる力と戦闘技術の二つを持ち、これに対してティトゥス・タティウスとサビニ人は、女性、富という彼らの専有物を共同体にもたらしたというのである。北欧での完全な神的社会形成の図式もこれと同じタイプに属する。恐ろしい戦争に引き続いて起こった和解と融合によって、アース神族とヴァン神族という二つの構成要素が一つになるのである。アース神族の長はオーディンで、トールはそれに次いで傑出している。ヴァン神族で最も有名なのはニョルズ、フレイ、フレイヤで、一神ずつ独立して名前が挙げられることがあるのも彼らだけである。

アース神族とヴァン神族の機能的区分は明確で変わることがない。ヴァン神族、なかでもそのタイプを最もよく体現している二男神と一女神は、他の様態をとったり他の行為を行なったりする場合が皆無というのではないが、何よりもまず富裕であり（N., F., Fa.）、富の与え手で快楽、好色性、豊饒を司り（F., Fa.）、また平和も司っている（ネルトゥス、フレイ－フローズィ）。この他、空間的にも経済的にも彼らが関係するものに、穀物の産み出し手としての大地（N., F.）や航海と漁の場としての海（N.）がある。こうした彼らの特徴は、主要アース神の特徴と対照的である。もちろんオーディンもトールも富や大地などに無関心というのではない。しかしわれわれが知りうる限りの最古の北欧神話まで遡ってみても、彼らの関心の中心は別の部分に存している。一神〔オーディン〕は最も力のある魔術師、ルーン文字の精通者、神界の長であり、もう一神〔トール〕は槌の神、巨人の敵――もっとも巨人に似ていなくもない（彼の「怒り」を考えよ）――、雷鳴の神（彼の名前自体もこれに発する）である。彼は雨を降らせ、農民を益するが、その雨は今日の民話にも見られるように彼が大気中で行なう暴力的な戦闘の副産物なのである。彼は漸次的な大地との関わりで農民を益するのではない。

こうしたアース神族とヴァン神族の違いをどう理解すべきかは、北欧宗教——そしてひいてはゲルマン宗教——全般の解釈に関わるような中心的問題であり、また通時的・歴史的解釈（しかし想像された歴史に基づくものだが！）が構造的・概念的解釈と最も鋭く対立するのもこの違いについてなのである。しかし本書の始めから述べてきたような諸事実は、構造主義者のほうに大きな支持を与えている。インド・イラン人と古代イタリア人の神学の対応からして、系統的につながりのあるひとびとのもとに存在が仮定されるのは、まさしく北欧人のもとで見られる型の神学と神話、すなわち二者をよりよく定義するためにまず対立させ、ついで活力ある統一体を作り上げるためそれらを一体化させる型のもの、なのである。これら二分野とは、(1)威力ある魔術と主権、あるいは暴力的な力といったアース神オーディンとトールによって支配されている二分野を司る神的諸存在と、(2)豊饒、富、快楽、平和など三神の偉大なヴァンが支配する力を司るまったく別種の神的諸存在、である。

二一　アース神族とヴァン神族の戦争および原ローマ人とサビニ人の戦争。完全な三機能社会の形成

上位二機能の代表者と第三機能の代表者を分かつ始原的断層は、印欧語族に共通のものであり、こうした神話展開（始原での分離状態、戦争、そして階層化された三区分的構造への二度と分離しないような統合）は、ローマのみならずインドでも認められる。ローマの場合は、都の起源の物語（サビニ人との戦争と共住）として人間界での出来事とされるが、インドでは第三機能の規範神であるアシュヴィン双神は当初は神ではなく、暴力的な対立、和解、そして協約の後でようやく上位二機能の「双力」(ubhe vīrye) の下の第三項として神界に仲間入りしたとされているのである。当然予想されるように、こうした伝説の細部は、社会のさまざまな構成要素それぞれの「機能」やこれらの「機能」の祭司が行ないうる独自の職務などを明確化する方向で選択され、グループ化されている。ローマ人とサビニ人の始原時の戦争についてのローマ伝説やアース神族とヴァン神族のあいだの「世界で最初の戦争」についての北欧伝説（モークの反対にもかかわらず、『巫女の予言』二一—二四は後代の加筆とは見なし難い）を比較し分析するなら、やはり驚くべき対応や相互の意義を解明するような情報が与えられる。両者はいずれも、双幅図のように二つの場面から成り立っている。それぞれの場面では一方が優勢となるが（ただしそれも限定的・一時的である。対立は勝者なきまま、両者の自由な合意に基づく条約締結で終わらねばならないのだから）、その優勢さはそれぞれの機能的特殊性に由来するものである。富裕で情欲的なヴァン神族は、「黄金の酩酊」と呼ばれる女性を遣わして、アース神族の社会を内部から（女たちを！）つき崩す。これに対しオーディンは、彼の有名な槍を投げつけ応戦する。この槍は他の知られているすべての場合、抵抗不能な恐怖を起こす魔術的力を有するとされている。同様に富裕なサビニ人は、敵の中枢地を占領し、ほとんど勝利を収めんばかりになるが、それは戦闘によってではなく、黄金の魅力によって乙女タルペイアを買収したためであった（異伝によれば、タルペイアがサビニ軍の長に抱いたふしだらな愛情のため、ともされている）。これに対しロムルスは、（維持者《スタトル》）ユピテルに援助を祈願する。勝ち誇る敵軍は、神の力によって突然に理由のない恐慌を感じて引き下がるのである。

二二　古代ゲルマン人における戦闘機能の発展

しかしまず、北欧のみならずゲルマン人すべてのもとで起こった重要な変化について述べなければならない。この変化とは、きわめて早い時期に起こった三機能構造ならびにそれに対応する神学の「歪み」である。

もちろん、インドでもローマでも第一機能神であるヴァルナやユピテルが戦闘に無関心であったというのではない。インドラやマルスのように力をもって戦うわけではないが、第一機能神は自らが味方をする側のためにその魔術を用いるし、それが最終的な勝利をもたらすのである。実際は力によって勝ち取られるものであっても、勝利は秩序に格別の関心を寄せる。秩序こそが勝利の望ましい結果だからである。したがってオーディンが戦闘に介在するのを見ても驚く必要はない。彼は直接戦うことは余りないが、彼が罪ありと定めた軍勢に対して麻痺させる——字義通りには縛る——恐慌である「軍の縛め《ヘルフィヨトゥル》」を投げるのが特徴的である（ヴァルナの武器である縛索を参照）。とはいえ、彼の定義のなかで「戦争」の占める部分が、ヴェーダやローマでの彼の対応神の場合よりもはるかに大きいことも事実である。われわれは、オーディンのみならず、次章で検討を予定しているタキトゥスによってマルスとさえ解されたゲルマン人のもとにおけるミトラの対応神の場合についても、滲透の結果以上の戦争要素の増加を認めざるをえない。それは第一水準イデオロギーへの戦争の氾濫、流出というにふさわしいものである。少なくとも叙事詩が作られた時代では、「オーディン型英雄」であるシグルズ、ヘルギ、戦争の歯のハラルドなどは何よりも戦士であったし、死後にオーディンの住居ヴァルハラ（「殺された者の館」）に入るのが許されたのは、戦士のみであった。彼らはそこで戦士のスポーツと歓びを永遠に享受したのである。こうした結果として、たった一人で巨人たちを相手に戦うトールは、少なくともいくつかの場面では、人間によって行なわれる行為としての戦争と接触を失うことになった。こうした彼の信仰を正当化し人気あるものとしたのは、巨人たちや災禍を相手に彼が行なう大気中での決闘から生まれる良い結果、そのなかでも穀物への恵みとしての雨、であった。こうして彼は、時にはフレイからその領域中の農耕に関わる部分を奪い取ってしまった。このような二重の進化は、最東端に位置していた北欧人のもとで極限にまで押し進められたと思われる。たとえばブレーメンのアーダム（四・二六―二七）は、ウプサラ三神群の三神を次のように定義している。

トールは大気中で守護をし、雷鳴と稲妻、風雨、好天と穀物を司る。次のウォーダン――それは狂乱のことである――は戦争を統べ、人に敵に対しての勇気を吹き込む。三番目は平和と快楽を死すべき者どもに施すフリッコ〔フレイのこと〕である……

もし疫病や飢餓が生じるなら、トールの像に供犠が行なわれ、戦争ならウォーダンに、もし結婚が祝われるならフリッコにそれが行なわれる。

ウプサラの三神のそれぞれに関する神学が、ブレーメンのアーダムの短い記述中（なお彼はトールが中央、すなわち第二番目にいることから、彼を「主神」と見なし、また雷鳴との関連から彼をユピテルと同一視し、その槌を王笏《おうしゃく》であると誤解している）に見られるよりもずっと豊かで微妙なものであった――おそらくそうであったろう――と認めても、アーダムの証言の大筋に異議をはさむべき理由は存在しない。「ウォーダン」の領域における戦争への歪み、そして「トール」の場合のそれとは反対の農民への恵みという歪み、これらは事実である。しかしこうした歪みの起源は説明可能だし、同じ現象が認められる北欧の他の地点では、それにもかかわらず三神の価値はインドやローマでの彼らの対応神の価値により近いものとなっているのである。

二三　ケルト人、ギリシア人、スラヴ人研究の現状

この他の印欧語族民においては、記録文書があまりに新し過ぎたり、不十分であったり、相互に矛盾したりしていること、また、観察者や伝承者が内容を理解していなかったこと、そして非印欧語族民の宗教体系から多くの借用が行なわれたことなどの種々の要因のため、三機能に対する神学構造をただちに看取するのは困難となっている。しいて理屈をつけようとすれば、結果として専断の害に陥ってしまうだけである。とくに残念なのはギリシアとケルトの二領域で、情報は豊富なのだが、その性格が上記のようなものなのである。この点をわれわれは素直に認めなければならない。ギリシア宗教の本質は明らかに印欧語族的ではなく、たとえば羊飼いパリスの伝説に見られる女神たちの組み合わせは文学的創作にとどまっていて、正統な宗教体系に属していないことは疑う余地がない。ガリアの場合、カエサルが記録している神々の組み合わせは、トゥアサ・デー・ダナンについてのアイルランドの文書と一致しており、多くの点で三機能構造を思わせる。しかしこうした類似は、そこに見られる系統関係や修正の跡に関する限り、問題を解決するよりもむしろより多くの問題を生じさせている。またスラヴ人の多神教については、きわめてわずかしか知られておらず、このため三区分的解釈の試みは、秀れた仮定としてとどまらざるをえない状態となっている。しかしインド・イラン人、古代イタリア人、ゲルマン人のもとでは、古来の宗教が信奉者自身の

手で体系的に記録されており、それらの証言が一致している以上、三機能イデオロギーが、同一形態を有する神学、三水準を代表する階層化された神格の一団、そしてこれらの神格の差異と協調を正当化するような「起源譚神話」などを生じさせたことは確実といえよう。

二四　三機能を統合する諸神格

ここで神学においてしばしば認められる三機能構造のもう一つの活用例に注意を喚起しておこう。それは教義作成者や信徒が、三機能それぞれの専門神とは対照的に、全能で三水準のいずれとも関係し効能を有すると定義したり、見なしたりしていた神格のことで、そこでは弁別ではなく、統合が目ざされている。こうした表現様式はいくつかの地点で独立に発生したかも知れない。たとえば地中海地域の諸文明においてある都市の守護神さらには名祖が、他の神々や神的諸存在の衰退と引き換えに重要となった場合などは、そうした例である。アテナイのイオニア人においては、本来は四分的神学（ゼウス、アテナ、ポセイドン、ヘパイストス）が機能的四部族（祭司、戦士、農民、職人）を傘下に収めていたが、歴史時代になるとアテナが宗教を独占するようになった。ヴィアンの明快な分析によれば、小パンアテナイア祭において、女神はヒュギエイア、ポリアス、ニケという、健康、政治的主権、勝利の各機能を想起させる尊称のもとに、さまざまな栄誉を次々と受け取ったという。同じようにゾロアスター教においては、守護霊フラワシに対し三重の称号「善き、強き、聖なる」が与えられたが、これもまたやはり三機能包括的である。

二五　三機能包括女神

こうした諸存在のうち、その三機能包括性が立証されかつ機能神と意図的に結びつけられているようなある種の女神は、その出自を印欧語族共同体に有すると思われる。この女神はその性別や神々のリストのなかで占める位置からして第三機能に属するが、にもかかわらず三つの水準のいずれにおいても活動的であり、リスト中での女神の存在は、男神の個別的複数性を女神の全体性が倍増させるとする神学的立場を表明しているのであろう。さて先に述べたように〔第二章五節〕、ヴェーダの三機能的リストでは河川女神サラスヴァティーがアシュヴィン双神と関連させられる場合があった。このサラスヴァティーの称号は、式文としてまとめられてはいないが、女神を清浄で、英雄的で、母的な存在として特徴づけているのは明らかである。私自身（一九四七）とロンメル（一九五三）は、イランにおいてサラスヴァティーに対応する女神、インド・イラン人に共通の女神の後継者であるのは、非ガーサー的『アヴェスタ』に見られる諸女神のなかでも最も重要でやはり河川女神であるアナーヒターではないかと提唱した。アナーヒターの正式な名称は「湿潤な・強い・穢れなき」アルドゥヴィー・スーラー・アナーヒターという三重のもので、明らかに三機能を表わしている。また同じ原型が正統派ゾロアスター教によって昇華されて作られたのが、この宗教の第三の陪存在アールマティであると思われる。この存在は通常は第三水準に置かれ〔フシャスラ「力」の後、ハウルヴタート－アムルタート「健康」－「不死」の前〕、三重称号は欠いているが、その一方で「篤心」を意味する名を有し、悪の軍勢との戦闘では「神」を助け、物質要素としては生産的大地を有するという具合に弁別的に三領域のいずれとも関係しているのである。またラティウム地方〔イタリア中部〕の都市ラヌヴィウムでは、ユノ女神が三重の称号セイスペス・マテル・レギナを持って崇拝されていた。後二者の称号は、秩序ある豊饒の司り手であり主権女神でもあるローマのユノ〔ルキナ〔出産女神〕など、レギナ〔女王〕〕の神学と一致している。しかしローマでは戦闘的側面が欠けている。これに対しラヌヴィウムのユノ像はこの側面の姿で作られており〔次頁図参照〕、語義のあまり明確でない第一の称号セイスペット－(Seispet-)がこの側面を指していることはおそらく間違いない〔ラテン語形 sospit-〔sospes「無事な、安全な」、sospito「守る」など参照〕とともに*sue-spit-〔独居する救い手〕に由来か。インドラの称号 svá-kṣatra, svá-pati〔独居する戦士、自らの主〕など参照〕。最後にゲルマン世界だが、大陸ゲルマン人の場合から判断するなら、唯一かつ〔全能ではないにしても〕多義的な女神*フリッヨーが先に述べた複数の機能別男神と組み合わされていたように思われる。戦闘的側面は検証されていないが、女神について知られている多少の事実から、彼女が主権女神〔ロンバルト族の名前を説明する伝説中のフレア〕であると同時に「ウェヌス」(*Friyya-dagaz「金曜日」)〔英 Friday, 独

ラヌヴィウムのユノ。現在はヴァチカン博物館円形広間（Sala rotanda）に展示。

Freitag と同語源。これに対し、後期ラテン語では金曜日は Veneris dies「ウェヌスの日」と呼ばれており、このゲルマン女神はウェヌスのような豊饒性の側面も持っていたと考えられる」であったことがわかる。北欧ではこの多義性は分断され、女神は主権的魔術師オーディンの妻の主権女神フリッグ〔Frigg〕（北欧語における*Friyō の規則的変化形）と、欲情的で富裕でありヴァン神族の典型でもある女神フレイヤ（フレイの名から作り出された）の両女神に二分化されている。またアイルランドには女英雄マハがいる。彼女は明らかに古くは女神であり、アルスター地方の異教時代の王都およびその周辺の平原であるエヴァン・マハという最も重要な地域の名祖である。彼女は元来は三機能に沿って分析されうる同じような綜合的性格を所持していたに違いない。というのも、彼女もまた通時的に順序づけられた「マハのトリオ」として、次の三人格に分割されていたからである。まずネメズ（「聖者」）という名の男に原初のときに嫁し、占いの最中にショックで死亡した女予言者、ついで夫を総司令官とし、戦闘中に殺されて死んだ女戦士-女英雄、最後に不思議な術で富を集めて農民の夫を富裕にし、おぞましい分娩で双子を産んで亡くなった母。しかしマハが宗教において三機能の男神たちといかなる関係を——おそらく——有していたか決定することは、もはや不可能となっている。

二六　三区分神学とその要素

このようにわれわれは、三機能イデオロギーを表明しているインド・イラン人、古代イタリア人、ゲルマン人の神学体系を鳥瞰図の形で示してみた。またそれを印欧語族共通の伝統から説明するのが望ましいとするに十分なだけ数多くの対応例も確認してきた。しかしそれらは単に始まりであるにすぎない。次には全体の構造の視点からではなく、三項のそれぞれの探究が順次なされなければならない。まず宗教的主権機能をそれ自体として検証し、ついで力の機能と豊饒の機能についても同様の検証を行ない、またインド人、イラン人、ラテン人などの資料の比較を通して、印欧語族が三機能のそれぞれをどのように理解し、内部において細分し、利用していたかを明らかにすべく努めねばならないのである。

第三章　神学、神話、叙事詩における種々の機能

一　三機能の神学的分析の不均等な進歩

印欧語族世界の機能三水準それぞれの研究は、きわめて重要な三つの任務だが、現在までのところ、その進展が均等であったとはいい難い。体系的な研究成果が満足すべき進展状態で行なわれてきたのは、第一水準のみなのである。たしかに第二、第三水準の重要な特徴もきわめて早い時期に発見されてはいたが、にもかかわらず構造全体としては依然として調査段階の域を出ていないのである。したがって以下に示すのも、後二者に関しては概括的な方向づけ、ことに研究方法についての示唆のみにとどまる。

二　インド・イラン人における第一機能の二側面。ヴァルナとミトラ、アシャとウォフ・マナフ

インド・イラン人のもとで第一機能神学が形成される上での核となった基本的原理については、すでに論じた。先に見たボアズキョイの条約文やヴェーダの式文中でそうした原理を体現していたのは、一神ではなく二神、つまりミトラとヴァルナであった。同様に「善思《ウォフ・マナフ》」

と「秩序《アシャ》」という二者の共存も、やはり対を前提としている。両者はゾロアスターが機能諸神と置換した陪存在たちのリストの筆頭に位置しており、インドの二神と対応しているのである。こうした二重性は、インドの注釈家や過去百年間のさまざまな神話学派によって多様なやり方で説明されてきた。しかし今やこの問題はすべて明らかになっているし、部分的には神名自体から帰納される解釈とも合致している。ヴァルナという語がはたしてギリシア語のウラノスまたはオラノス〔神名で「天空」の意〕と関連しているかはたしかでないが（「おおう」、「縛る」、「表明する」といった意味のいくつかの語根からの解釈もこれまで提唱されている）、これに対しミトラのほうは、メイエがかの有名な論文（一九〇七）〔《Le dieu indo-iranien Mitra》, *JA*, ser. 10. 9, 1907, pp.143-159〕で解明したように、語源からして明らかに「契約」の神格化である。

　これら二神は双数形、つまり最も緊密な関係を示す文法形態、によって多く表わされ〔mitrā-váruṇā. インド文法家は devatādvandva と呼んだ〕、ヴェーダの詩人たちはほとんどの場合に両者の差異を示していない。二神は天上の二人の支配者《コンスル》、最高の権力を有する連帯者として解されており、どちらか一方のみが名指されている場合でも、詩人たちはその一神に権力の諸側面と諸手段のすべてを賦与して憚るところがない。とはいえこれは当然のことである。下位に従属している他の機能のそれに比し、主権機能の統一性・調和性は、ひとびとにとって必須のものであり、信仰や表現において最優先さるべきものだったからである。しかし幸いなことに、讃歌の詩的文体中においても、またとりわけ儀礼書において、詩人ないし儀礼執行者がこの原則に例外を認め、両者の連帯性をよりよく説明したり活用したりするために、両神を区別しようとしている場合がある。そうした場合、そこに示されたさまざまなイメージはすべて同じ意味を担う。ミトラとヴァルナとは、数多くの概念的な一対群に属する対立しあう二項であり、それらの並置によって双幅図が定義され、一方の図のそれぞれの点が他方の図の対応する点をいわば想起させるようになっている。そしてこれらの一対群はその多様性にもかかわらずはっきりと認識できる関連性を備えており、たとえそこにまったく新しい一対がつけ加えられても、どちらが「ミトラ的」でどちらが「ヴァルナ的」かをただちに識別することができる。もっともこれらの多岐にわたる対立区分のなかから、その他の諸対立の源となっている唯一の対立を摘出するのは容易なことではない。たしかにそれは魅力ある試みであり、これまでも試みられてきたが、あまり意味があるとはいえない。むしろ神的存在の主要カテゴリーとの関連において対立を観察し定義して、簡潔な一覧表を作成する作業に進むのが望ましい（上記第二章五節参照）。

宇宙《コスモス》における両者の領域についていえば、ミトラは人間に近い領域に、またヴァルナはその広大な全体に関心を示す（この区別は、両神に対応するゾロアスター教の陪存在の場合にも明らかに認められる。上記第二章八節(4)を見よ）。諸テキストは両者の対比を極限まで推し進め、ミトラは「現世」でヴァルナは「他界」であるとする。これはミトラが昼を司り、ヴァルナが夜を司るとされるのと同義である。またミトラは火やソーマなどの可視的で通常な状態と同一視され、他方ヴァルナはそれらの不可視的・神秘的な状態と同一視される。
行動様式についていえば、ミトラは「契約」自体であり、ひとびとのあいだに条約や連合を結ばせたり便宜を図ったりする。これに対しヴァルナは偉大な魔術師であり、形象創造の魔術であるマーヤー〔幻力〕を所有し、また罪人を抵抗し難い捕捉によって「からめとる」「縛索」をも所有している。

また両神はその性格においてもやはり対立している。友好的なミトラは善意にあふれ、穏やかで進歩的でひとびとを安心させる。これに対してヴァルナは無慈悲で暴力的で突発的であり、多少悪魔的ともいえる。またこの一般的な神学観念は無数の応用例によっても示される。ミトラには自ら壊れる物が属し、ヴァルナには斧で切られた物が属する。ミトラには煮られた物が属し、ヴァルナには焼かれた物が属する。ミトラには乳が属し、ヴァルナには酩酊させるソーマ酒が属する。ミトラには知恵が属し、ヴァルナには意志が属する。ミトラには正しく供犠された物が属し、ヴァルナには悪しく供犠された物が属する等々である。

彼ら自身の機能以外の二機能のうち、ミトラは繁栄、豊饒、平和と親和性を有するが、ヴァルナは戦争や征服と親和性を有している。また主権の領域自体のなかでは、ミトラは――クーマラスワミーがやや時代錯誤的に述べているのだが――どちらかといえば「霊的」であるのに対し、ヴァルナは「現世的」である。これはブラフマンとクシャトラがそれぞれの神とより親縁性を示すという意味でなら、必ずしも間違いではない。またルヌー（*EVP*, II, 1956, p.110）は、『リグ・ヴェーダ』においてヴァルナはエリート層への分化的親近性を持ち、ミトラは群衆つまり一般庶民に近かったことを明らかにした。

主権神ミトラとヴァルナは権利においても行為においても同格であり、それぞれの実在感を持っていた。讃歌はヴァルナの名をより多く語っているが、それはこの神が「より古層の」神ミトラから重要性を奪っていく「過程」にあったからではなく、単に、この神の行為の魔術的で不安をもたらす側面が、ひとびとに法律家ミトラの安心させる朗らかな領域と比べ、より一層の祭祀上の配慮を心掛けさせたからにほかならない。またこれら対照的な二存在のあいだには決して争いはなく、反対に恒常的な協調があったことも強調しておかねばならない。

三　ローマにおける第一機能の二側面。ユピテルとディウス・フィディウス

インド・イラン人に遡るこうしたインドでの図式は、西洋世界の神話群に見られる困難さないしは謎に対する解決の鍵を提供してくれた。ローマでは思想はすべて実用的で愛国的なものであり、また宇宙とその諸部分も、都にとって役立つかあるいは有害である場合に限って注意や思弁の対象になっていたため、二項対立は大まかな形でしか認めることができない。天空の彼方とか宇宙の秩序といったヴァルナ的事象にローマ人は関心を示さなかったの

である。このようにインドでの特徴は部分的なものとなっているわけだが、にもかかわらず二項対立自体はやはり存在しているのである。

ディウス（Dius）〔Divus の短縮されたもの。「（大）神」〕すなわち「光輝く」神であり、「信義（fides）」や忠義や誓約の保証者であったディウス・フィディウス（Dius Fidius）は、歴史時代のローマではもはやユピテルの一側面にすぎないものとなっていたが、それがこの神の起源であったとは思われない。たしかに二神は緊密に結びついており、筆頭のフラーメン〔フラーメン・ディアリス（flamen Dialis）〕の名はユピテルよりもディウスのほうに近い。しかし主権のなかでディウスが自らの管轄としているのが厳密に法的な領域であることを考えるなら、主権のそれ以外の部分、すなわちローマに与えられた予兆、ローマ政治の神秘的主宰、ローマ史上の奇蹟的救済者などは、ディウスのより偉大な連帯者〔ユピテル〕により一層固有な特徴ではなかったかと考えざるをえない。同じように稲妻についての理論でも、ディウス・フィディウスは明確に「ミトラ的」な規定を受けている。すなわち彼に帰属するのは、日中の稲妻である。これに対し夜の稲妻は、ユピテルの影の薄い異種である「ヴァルナ的」スンマヌスに属している。この複雑な神学体系は、われわれの知る最古の文献よりもさらに以前の時代に、ユピテルの昇格とそれと同時に行なわれた神学改革の両方によって、その姿を損なわれてしまったと見て間違いないだろう。そしてそれは、カピトリウム丘でのユピテル祭祀の設立や、旧来の三神群「ユピテル・マルス・クゥイリヌス」が新たな三神群「最良最高のユピテル、女王ユノ、ミネルヴァ」によって取って代わられた時期とも一致しているはずである。カピトリウム丘のユピテルはディウスを吸収し、自らのもとにすべての主権を集中させたきわめて独裁的な存在であったと思われるが、にもかかわらず伝統的な二神の相補関係は、この神の奇妙な二重称号にまだ示されているともいえよう。オプティムスつまり最良の、そしてマキシムスつまり無限の範囲にわたる「諸権力」のなかでも最高位に位置づけられる、の二つがそうなのだが、これらはヴェーダのイデオロギー中のミトラとヴァルナに対応するような二本の柱なのである。

四　北欧における第一機能の二側面。オーディンとチュール

しかしインドとの対比がひときわ示唆的なのは、ゲルマン世界の場合である。そこで第一水準にいるのは、タキトゥスが『ゲルマーニア』で「メルクリウス」と呼んだ北欧のテキストでのオーディン（つまり*ウォーサナズ）だけではない。第一水準には、理解可能なある興味深い理由でタキトゥスがマルスと呼び、北欧ではチュールと呼ばれていた神（つまり*ティウズ）もいたのである。この神の名は、ヴェーダのディアウスやギリシアのゼウスと同語源である。またこの神は、これら二神やラテン人のディウス・フィディウスと同じく輝く天空の神とされている。普通この神は、「より古い層」に属していて、新参者である*ウォーサナズによってその地位を奪われたとされてきた。しかしもしそうなら、八―十世紀も隔

たっているタキトゥスと北欧の詩人たちが、一方の神の伸長ともう一方の神の衰退を同じ地位の差異程度のまま知っていて記録しているとは奇妙ではないだろうか。比較による考察は、こうした両神の関係に構造的な意義を与えるよう求めている。つまり*ティウズは不安を喚起する*ウォーサナズによって地位を追われたのではなく、両神の関係は、理論の上でヴァルナと同格であるミトラが詩人たちからより少ない注意しか払われなかったことや、ディウス・フィディウスがユピテルよりも軽視されていたことと同じ理由に基づいているのである。ひとびとは法律家に対し、主権的魔術師よりも少しの注意しか払わなかったのである。

ゲルマン世界の主たる独自性は、タキトゥスが*ティウズをマルスというローマ神名で置き換えたことに認められる。われわれは前章で魔術師であるオーディン自身も戦士機能の一部に組み込まれていたのを見たが、法律家チュールにも同じことが起こったと考えられるのである。スノリ〔Snorri Sturluson（一一七九―一二四一）はアイスランドの歴史家、法律家、詩人、政治家〕がこの神をどのように定義しているかを見てみよう（「ギュルヴィたぶらかし」二五〔谷口訳『エッダ』二四六頁〕）。

チュールという名のアース神がまだいる。この神は最も大胆な神と考えられている。戦において、勝敗を決めることもしばしばあるのだ。だから、戦士はこの神に祈願するのがよい。ほかの人より強くて、何者をも恐れない者を、チュールのように強い、という表現があるくらいだ。……

こうしたゲルマン人のもとでの主権法律家の「戦士化」は、他に類例がないわけではない。たとえばローマでも第三機能の規範神で、平和時や平和な労働におけるローマ人の守護者でもあるクゥイリヌスがマルスの異種とされている。いずれの場合も社会の変化が神々にも変化をもたらしたのである。おそらくセルヴィウスの改革〔ここで意味されているのは、(伝説上の) 改革のなかでもひとびとの区分をクーリア (curia) 〔上記第二章一六節(2)のクゥイリテスの語源参照〕から、軍事的な百人隊 (centuria) に基づくものに変えたとされる部分〕とともに、ローマ市民 (Quirites) が兵士 (milites) と一致するようになり、クゥイリテスという名称は、「二度の招集のあいだで休息状態にある兵士たち」を意味することになったのだが〔*RRA*², pp.269-271 参照〕、そうならばクゥイリヌスが「静かなるマルス」(Mars tranquillus)、「荒れ狂う」(saeuire) のを待つ「平和時に支配するマルス」(Mars qui praeest paci) となったのも当然であろう〔上記第二章一六節(3)参照〕。

ローマほど形式的でなく、より暴力的な状況のもとで古代ゲルマン社会もやはり戦争の枠組を平和時の支配にまで拡張し、戦士の習慣や精神を持ち込んだ。ローマでの法律議決機関であった市民兵士会はたしかにマルスの野に集まったが、彼らは武器は持っていなかった。

これに対しタキトゥス（『ゲルマーニア』一一―一三章）が華麗な筆で描くゲルマン人の民会《ティング》では、首長たちがそれぞれの支援者とともに到着し、投票の代わりに武具を振り回したり叩いたりしている。つまり権威や影響力は純粋に軍事的な姿で表わされるのである。何世紀も後の古代北欧においてもこうした姿は変わっていない。そこでもひとびとは武装して集まり、合意を表わすときには槍や斧を掲げたり、槍と槍とを打ち合わせたりしたのである。したがって、こうした立法・戦士的な集会を司る、印欧語族の法律家神の後裔である神が、彼の配下にあるひとびとの制服を着用し、法律から戦闘への容易にして一貫した移行をひとびとともに行なったとしても何ら驚くにはあたらないし、同じようにローマ人観察者〔タキトゥス〕がこの神をマルスと解したとしても驚くにはあたらないのである。フリースランドで発見された献納の品々は、民会《ティング》のマルスに捧げられたのだが、これらこそは想定される印欧語族期の状態と北欧の実際の姿のあいだ、いわばミトラとチュールのあいだをつなぐものなのである。またチュールの名は、かつて民会《ティング》が行なわれた場所の地名にもはっきりと残されている。

これに加え、他の民族ほど偽善的でなかった古代ゲルマン人は、外見上の戦士としての装いの問題は別として、法律の手続き――そこには策略や陰謀や抗議しても無駄な不正などがある――と武装しての戦闘のあいだに存在する深遠な類似をも認めていたように思われる。うまく立ち廻るなら、法律は勝利を得るための最も強力な手段となりえたし、それによってしばしば決闘のように完全に相手を抹殺しえたのである。有益だが虚偽である誓約を行なう際の担保としてチュールは彼の右手を危険にさらしたが、この法律的策略の結果として、彼は「片手しかないし、人々の調停者と呼ばれない」〔上掲「ギュルヴィたぶらかし」〕ようになってしまう。しかしこれは、ひとびとが公正さよりも力を頼んで民会《ティング》に武装して集まったという事実、つまり戦争がいたる所にあったという物理的事実と対応するような道徳上の補足にすぎないのである。

こうしたかなり一般的な徴候によって、いかにして印欧語族期の神から*ティウズ－マルスが形成されてきたかが理解しやすくなるだろう。元来この神は法律を専門領域としており、他の諸地域では文明の力によってその性格が、ゲルマン人の場合とは対照的に、純化され道徳化されたのである。

五　『リグ・ヴェーダ』の小主権神。ミトラに従うアリアマンとバガ

リグ・ヴェーダ讃歌において、法律家ミトラと魔術師ヴァルナは主権領域を彼らのみのあいだで分割しているように見えるが、実は彼らは孤立してはいない。彼らはアーディティアつまり女神アディティ「束縛されない者」（すなわち自由な者、特定されない者）の息子たち、のなかでも最もしばしば名が挙げられているだけなのである。あらゆる文脈におけるアーディティアの名称と機能の考察、またそれぞれが言及される頻度、とくに彼らが行なう各

種のグループ化や彼らと他の神々のつながりの頻度の研究によって、彼らが描くところの構造を解釈できるようになる。もちろんここでは、私が一九四九年と一九五二年の二度にわたって発表した細部にまでおよぶ分析と計算をごく手短かに要約することしかできない。

叙事詩文学にいたるまで、アーディティアについては、そのなかの主要二神と同様に他のいずれもが一対をなしている、という記憶が保持されてきた。後には彼らの数は十二神となるのだが、『リグ・ヴェーダ』でも古来の数である六神と、二柱の異質な神々を加えた第一期の増員数八神のあいだで流動していたと思われる。さてこれらの古来の六神のうち、ミトラとヴァルナが筆頭の一組を形成するが、他の二組のうち、一方がミトラの計画に基づきその精神に沿って行動するのに対し、他方はこれと対照的にヴァルナの計画に基づきその精神に沿って行動している。したがってこれらの補完的存在を「小主権神」と呼ぶのは正当だし、都合もよい。しかしこの六神という数字自体も、対照性の必要によってより簡潔な四主権神が改められた結果のように思われる。この四神のなかでは、「人に近い」主権神ミトラのみが補助の二神を持ち、ヴァルナは彼方で独居していた。これらの本来のアーディティアの名称と配置は次のようである。⑴ミトラ＋アリアマン＋バガ、⑵ヴァルナ。

アリアマンとバガの示すミトラとの緊密な結びつきは、彼らが同時に言及される頻度の統計的調査によって証明されているが、この結びつきの原理は単純で、これら二神は、それぞれひとびとが関心を持つ二領域においてミトラの精神を表明し、明確化しているのである。

なお、これら二領域は、ローマ法ではより個人主義的色彩を帯びて、資格と財産として区別されて残っている。ミトラの存在と名称が定義する領域と一般的行動様式（法律的・善意的・規則的・対人志向）についてはすでに述べたが、このミトラのもとでアリアマンはアーリア人社会の維持に専念するし、彼の名もそこから由来する。またバガの名は本来「分配」を意味するが、彼はアーリア人のもとでの富の正しい分配と利用を保証していた。

六　アリアマン

アリアマンは、政治的に統合されていると否とを問わず、「異邦人《バルバロイ》」との対比で「アーリア人」として認められているひとびとを、個人としてよりはむしろ全体のなかの一要素として守護している。彼の多様な職務のうち、主要な側面は次の三つである。

(1) 彼はアーリア人どうしの自然なあるいは契約的な諸関係の主要形態を庇護する。また彼は「贈与者」であり、「贈物」を守護する（このため彼は富や豊かさにも関心を持たざるをえない）が、そのなかでも款待《かんたい》を形成している給付行為の複合体系の守護がその中核である。ティーメ（P. Thieme, *Der Fremdling im Rgveda*, 1938）が強調したのはこの点だが、彼は同時にそれを神概念全体の中心とし、その他のすべてをそれから演繹したり、あるいは否定し去るという誤りも犯した。実際のところ、アリアマンは結婚にもこれに劣らぬ関心を持っており、彼はよき縁組の神とか夫の見つけ手として祈願されている（subandhú〔固く結ばれた」、pativédana〔結婚させる〕。『アタルヴァ・ヴェーダ』一四・一・一七)。また彼は若い娘に夫を、独身者には妻を探してやるといわれる(『アタルヴァ・ヴェーダ』六・六〇・一)。この他、ガイガー、ギュンテルト、ティーメらのように、アリアマンが道や自由な行来に示す配慮(彼は「その道が途切れない者」である。『リグ・ヴェーダ』一〇・六四・五)を否定したり矮小化したりすべきではない。讃歌の多くの詩節や典礼文テキストなどから見て、彼は供犠を行なう者に「その望む所に行かせ」、「安全に旅する」(『タイッティリーヤ・サンヒター』二・三・四・二)のを許す神とされていたと考えられるのである。

(2)　アーリア人に対する彼の心遣いには儀礼的側面も含まれている。いにしえの時に神秘的牝牛の乳をはじめて搾ったのは彼であり、その結果として彼は儀礼執行者のそばに目に見える姿で位置し、一緒に神秘的牝牛の乳を搾るのである(『リグ・ヴェーダ』一・一三九・七。サーヤナの注釈も見よ)。また彼は儀礼に際し、ヴァルナを欺く敵共を供物によって供犠の場から放逐する(ava-yaj-)ように求められている(『リグ・ヴェーダ』七・六〇・九〔辻訳、一三五頁〕)。

(3)　讃歌作者たちは死後の世界にほとんど興味を示さないので、この神のもう一つの役割には言及していない。しかしその役割は、叙事詩においては讃歌の場合と正反対に生き生きとした記憶が保たれている唯一のものであり、その役割の古さは疑いえない。アリアマンは一種の霊である「祖父たち」の一団を支配しているが、その名が示すように彼らの起源は死んだ祖先の表象であり、アリアマンは彼らの王として死後の世界にも幸福な共住、つまり生者のアーリア人共同体を延長しているのである。「祖父たちのもとに通ずる道は、(苦行者やヨーガ行者にではなく) 生前に儀礼を正しく行なっていた者に開かれているが、それは『アリアマンの道』と呼ばれる」(『マハーバーラタ』一二・七七六など)。

七　バガ

バガは本質的に富を司っており、ひとびと——弱者、強者、そして王も——はその「分け前」にあずかれるように彼に祈願する(『リグ・ヴェーダ』七・四一・二〔辻訳一三九—一四〇頁〕)。彼の名が述べられたり、バガという語が奪格〔「バガから……」〕として用いられているヴェーダ詩句をすべて調べると、この「分け前」が主権支配のなかでもミトラの領域に属するのに必要な特質に対してすぐれて授与されているのが明らかになる。この「分け前」は規則的で予測可能で、不意ではなく、あたかも懐妊の場合のように支払期限を迎える(生まれようとする子は、「そのバガに到る」。『リグ・ヴェーダ』五・七・八)。それは敵対関係のない分配の結果であり、分配システムの存在を予想させる(動詞 vi-bhaj-〔分ける、分配する〕、vi-dhṛ-〔保つ、帯びる〕、dā-〔与える〕。ギリシア語 *δαίμων*〔神、霊、祖霊〕参照)。また「分け前」は穏やかな状態で獲得されるもので、成熟した沈着な者、つまり「青年」に対する「成人」の取り分なのである(『リグ・ヴェーダ』一・九一・七、五・四一・一一、九・九七・四四）。もう一つの分け前は、予測できぬ荒々しい「ヴァルナ的」なもので、戦闘や競争によって獲得され、すでにインド・イラン人の時代から戦闘的な響きを持っていた語で表わされている。それがアンシャであり、ヴェーダの神学者たちはバガに対応する「ヴァルナ的小主権神」に適切にもこの名を与えている。

八　アリアマンとバガのゾロアスター教での転写。スラオシャとアシ

こうした構造がすでにインド・イラン期に存在していたことは確実である。イランでは三機能の規範諸神のリストは正統派ゾロアスター教によって対応する陪存在のリストに昇華せられた（上記第二章八節参照）が、それと同様にミトラに従う二柱の小主権神もまた、陪存在リストには含まれないがそれらにきわめて近い二者の補佐存在として生まれ変わっている。それらの名前の統計的調査は、一方の他方に対する、そして両者のウォフ・マナフ（*ミトラの置換）に対する特権的な親密性を示している。またこの神（*ミトラ）がミスラの姿で再び現われている〔後代の〕テキストでもこの関係は変わっていない。これとは対照的に、二存在はアシャ（*ヴァルナの置換）とのあいだには何らのつながりも示していない。この他、名前においても機能においてもこれら二存在――スラオシャ「遵守」（と「規律」）およびアシ「分配」――は改革者たちによって再考されたアリアマンとバガに予期される姿にまったくふさわしいものとなっている。

国家が教会に変わってはいるが、信者共同体におけるスラオシャはあらゆる点において、アーリア人共同体におけるアリアマンと同じ存在であったことは容易に看取される。

(1) ニーバーグはスラオシャを「信仰共同体の」人格化ととらえている。「守護霊」といったほうがより正確だろうが、着眼の方向は正しい。スラオシャは、「オフルマズド〔アフラ・マズダーの中世ペルシア語形〕が精神と物質においてそうであるように、物質世界において主である」(*Greater Bundahišn*, éd. et trad. B. T. Anklesaria, 1957, XXVI, 45, p.219) し、ヴェーダのアリアマンがそうであったように款待の司り手である (アリアマンはすでにインド・イラン期にそうであった。ペルシア語 ērmān「賓客」が*airyaman に由来すること参照)。いうまでもないが、この款待は善きひとびと、すなわちゾロアスター教徒に与えられるものである (『ヤスナ』五七の一四と三四)。婚姻による結びつきや道路による自由な交通についての彼の役割はもはや特別には認められないが、魂についての彼の社会的活動はより明確化されている。彼は共同生活の統合を確固とする大いなる徳、つまり正しい節度や穏健さの支配者である (『ザートスプラムの撰集』三四・四四)。また彼は善と悪のあいだに結ばれた有名な条約の仲介者であり保証人でもある (『ヤシュト』九・一四) し、彼が個人的に対立する悪魔は、社会の破壊者の恐ろしいアエーシュマ「激怒」である (『ブンダヒシュン』三四・二七)。この他、アーリア人の守護神がスラオシャによって置換されたのを示す貴重な神話的痕跡も残っている。『メーノーク・イー・フラット』四四・一七—

三五によれば、スラオシャはĒrānvēz（アヴェスタ語でAiryaməm vaēyō）と呼ばれる国の領主にして王であったが、この「アルヤ人の居住地」とは、アヴェスタ（『ウィーデーウダート』一・三）によれば、イラン人の原郷なのである。

(2) アリアマンの儀礼的役割は、当然ながらスラオシャにおいて増幅されている。『ヤスナ』六二の二と八は、彼を供犠を行ない讃歌を詠った最初の者であったとしている。また彼自身の『ヤシュト』の冒頭部分（一一・一―七）が、他のものとは異なり祈禱に対する賛辞およびその力の称揚に捧げられていることも、この記憶によって正当化される。これと対応するように、スラオシャは、世界の終末時に悪との至上の戦闘が行なわれるのに際して、アフラ・マズダー自身が主祭司となる供犠において副祭司の役を務めている（『ブンダヒシュン』三四・二九）。

(3) 最後に、インド叙事詩中のアリアマンがアーリア的祭祀を正しく遂行していた死者たちが「アリアマンの道」を通って赴く地の主であったのと同様に、スラオシャも死にすぐ続く夜において決定的な役割を担っている。彼は義者の魂が審判者たちの法廷に着くまでに通る危険な行程において、魂に付き添い、守護し、そして彼自身も審判者の一人となるのである（『ダータスターン・イー・デーニーク』一四、二八など）。

アシ（女性形）は、バガがそうであったように、つねに「分配」である。しかし生者の世界よりも死後に一層の強調を置くこの新しい宗教は、死後《ポスト・モルテム》に行なわれるひとびとの善行と悪行の「分配」が誤りなく進められるよう監視することをとくに彼女に命じている。このように彼女は将来に備えてひとびとの善行という宝を監視することになっているが、『ガーサー』においてさえ、そして『ガーサー』以降の諸テキストではきわめて公然と、まだひとびとが地上で生活しているあいだから、敬虔な者を富ませ、その家を品々で満たしている彼女の姿をわれわれは見ることができる。

九　最良最高のユピテルに従うユウェンタスとテルミヌス

こうしたインド・イラン期に遡る主権概念の分析はアーリア人の繁栄を援助する二人の補佐役をミトラのみに与えているが、これはすでに見たようなミトラとヴァルナの名によっておおわれる主要な二分図式を変えるものではないし、これによってローマ宗教におけるユピテルの独自性も明らかにされる。残念なことにユピテルのこの側面については、ローマ宗教のなかでもカピトリウム丘期の形態しか知られていないのだが、そこでは「最良最高のユピテル」に本来の「ユピテル的」な主権性のみならず、「ディウス的」な主権性をも含んだ主権の全側面が賦与されている（上記三節を見よ）。さて、彼の神殿の二つの礼拝堂には二小神ユウェンタスとテルミヌスが——彼らのみ——寄住していた。これら三神のみの共住を説明する伝説（ハリカルナッソスのディオニュシオス、三・六九・五—六など）が残されており、それによれば共住はカピトリウム神殿建立時に遡るとされているが、この伝説（おそらくユウェンタスの概念につながる古いテーマも活用されている）が、より古い時期からの三神のつながりを否定する証拠とならないのはもちろんである。インド・イランの類例は、むろんこうした共住がローマ以前からのものであると思わしめる。

ローマの社会や文明に固有の変動はあるが、実際のところユウェンタスとテルミヌスは、最良最高のユピテルのかたわらにあって、ミトラに陪するアリアマンやバガとかなり似通った役割を演じている。たとえば前述の縁起譚的伝説によれば、ユウェンタスはローマに永続性を保証し、テルミヌスは領土の保全を保証したとされるが、これはアリアマンがアーリア人社会の存続を保証し、バガが財産の安全を確保するのと対応している。とはいえ、伝説から離れてこれらローマの二神それ自体を見るなら、そこには独自性も認めることができる。すなわちユウェンタスは、ローマにとって最も重要であった「ローマ人」たるユウェネス〔青年〕、つまり社会の本質的にして建設的な部分の守護女神なのである。またテルミヌスは財産の規則的分配の保証者だが、その財産とは、インド・イラン期の牧畜民やさらにはヴェーダ期インドにおいても富の本質的部分を構成していた移動性のある家畜群ではもはやなく、土地の一部分という、不動で測量可能なものとなっていたのである。

一〇　オーディン圏の神々

北欧世界では、同じような小主権神の図式は、今日にいたるまで確認されていない。オーディンの周囲に知られている事実は少ないが、その範囲内で見れば主権の分化した部分を行使する職務を帯びていると思われる神々が欠けているというのではない。しかしそうした専門化やその前提となっている主権機能の分析などは北欧独自のものであり、それらの体現者たちの類例は、インド・イラン人にもローマ人にも見られないのである。たとえばヘーニルは思慮深く慎重で、『巫女の予言』の末尾によればある種の祭司の神話的投影である。またミーミルはオーディンの助言者だが、首を切られ、思考し話すだけの頭部の状態にされている。そしてブラギは詩と雄弁の守護者である。私はかつてオーディンの二人の兄弟のヴィリとヴェーが小主権神にあたるのではないかと考えた。というのは、彼らの名前は北欧ではオーディンの先史的な名前の形（*Wōþanaz）としか頭韻を踏まず、そこに両神の古さが示されているからである。しかしこの三神群を解釈するには、両神について余りにわずかのことしか知られていない。この問題については、近い将来にまったく新しい解決案を提示してみたい〔バルドルとヘズ。邦訳『ゲルマン人の神々』一一九―一二〇頁参照〕。

一一　第二、第三機能の神学研究の現状

分析や統計の手続きによって、まずヴェーダ期インドについて、ついで他地域についても第一機能すなわち主権の神学の内部機構を、これまで見てきたように包括的に説明したり解明したりすることが可能となった。しかしこれらの手法も下位機能の神々については応用で

きていないし、少なくともこれまでのところ、その手がかりも発見されていない。こうした違いは疑いもなく対象の性格によるものである。第一機能は神学的処理それ自体に最もふさわしいのである。第一機能はその概念自体（神的存在の名前は大部分が語源的に明晰だし、いくつかは生気を吹き込まれた抽象概念である）によって、容易に哲学的思弁を可能にする。また最初の哲学者たちとはこの機能に属していたひとびとであり、彼らの分析を格別の愛着をもってこの機能に適用せずにはおられなかったのである。こうして『リグ・ヴェーダ』でもきわめて発展した神学が生み出されたが、その代償として、神話はそれに見合うだけの豊かさを備えるには到らなかった。『リグ・ヴェーダ』はミトラについてほとんど何も「物語って」いないのである。ヴァルナについてはより多くのことが述べられているが、彼が介在する場面のリストもやはり短いものである。また主権神で多く問題とされるのは、彼らの来歴よりは力や特性のほうであり、彼らがなしとげた行為の詳細よりは、その行為のタイプのほうなのである。対照的に、戦士機能や豊饒・繁栄機能は、何といっても視覚に訴える。強い神や治癒を行なう善き神々の効能が信じられるのは、原理の宣言などよりは、武勲や有名な善行の倦むことのない強調によってである。この結果、これら二つの神的領域は、神学的形式よりも神話的展開により一層ふさわしいことになる。換言すればこれらの領域では、教義は豊富な物語の形で美化され、その中に姿を隠し、そしておそらくは変容するのである。

比較研究者にとって、こうした違いは大きな意味を持っている。なぜなら、この重要な事実が充全に説明されていなければ、読者はつぎのように考えるかも知れないからである。すなわち、ローマ宗教の保守性のおかげで、ヴェーダ宗教とローマ宗教の比較に基づいて印欧語族に共通の事実を決定するか、ないしは想定できるとか、北欧宗教は、こうした共有の道筋が認知され確実化された後に、再確認の手段としてのみ用いられるとかである。なるほどローマ宗教は、われわれに知られている状態でも依然として確固に構成された神学を保持している。「ユピテル・マルス・クゥイリヌス」のグループでも、横断的な「ユピテル・ユウエンタス・テルミヌス」のグループでも、ローマ宗教は意識的にその明確な概念分類を守り続けている。しかし残念なことに、われわれはそれと同時に、ローマ宗教が神学以上のものではないとも付言せねばならない。ローマに固有な根本的変革によって、その神々——この場合は主権神ばかりでなく、マルス、クゥイリヌス、オプスなども含まれる——は彼らに関する伝承をすべて奪われ、その本質と機能のみに禁欲的にとどまるよう強制された。したがって、三区分的枠組の包括的決定や第一水準の探究の場合に、容易に決定しうるヴェーダ神学とただちに認知できるローマ神学の両者を比較して、これまで見てきたようなまとまって一貫性を示し、ほとんど完全である結果を得たとしても、他の二水準においてもそれと同様の結果が得られるわけではないのである。ヴェーダにおいてインドラやナーサティアが彼らの微妙な調子や本性を示すのは、彼らの冒険譚を通してのみである。ところがマルスやクゥイリヌスには、それに対応するものは何もない。あるのは無味乾燥な定義や、祭司が行なう祭祀に認められる教義から漠然と予想されることのみである。比較研究者にとって主要な拠り所であるこれら二宗教の文書も言語も、完全に一致しているわけではないのである。

一二　神話と叙事詩

われわれの研究におけるその重要性が疑いのないものであり、本書のこれまでの章でもその例を目立たない形でだが示しておいた一つの事実がある。もしそれがなかったら、上記の問題の困難さはおそらく未解決のままであったろう。その事実とは、ある社会が懐いている諸観念は、神々という不可視なものに関する思弁や想像を喚起するだけでなく、人間についての想像をも生み出すということである。つまり神学や神話は、「いにしえの歴史」や叙事詩によって二重化されるのであり、神々が体現する諸原理や彼らの命ずる行動は、重要な人物たちに割り当てられ、彼らによって演じられるのである。たしかに一民族の叙事詩の形成には、他の多くの要素も働いている。しかし叙事詩の主たるテーマや主人公たちの一部が、同じ民族の神的諸表象と結びついているイデオロギーと、何らの本質的関係も有していないということはおよそありえない。こうした状況はわれわれの印欧語族比較研究に好都合なものだが、事実それは二つの成功例をもたらした。一九三九年に私が発見した例は後にまわしたい。先に述べるのは、一九四七年に私の研究仲間であるスウェーデン人、スティグ・ウィカンデルによって発見された例である。インド最大の叙事詩『マハーバーラタ』は一群の英雄の活躍を語るが、彼らのそれぞれは、ヴェーダ期そして前ヴェーダ期にも遡る宗教の三機能諸大神に対応している。つまりインドにおいては、この大叙事詩と『リグ・ヴェーダ』によって、「映像によるイデオロギー」が異なった必要性に応じて、繊細な差異を示しつつ、二重の版形で表現されていたのである。さてもう一つの発見とはローマに関するものである。ローマは神話をすべて失い、神学的諸存在を無味乾燥な本質に還元してしまったが、にもかかわらず、そうした還元化が比較的緩やかであった時代には神々についての神話的伝承群と並行関係にあったに違いない多様で陰影に富む人間を主人公とする物語群の古い集積を保存していて、後の時代に歴史的な意味でのローマの起源について超自然的にしてしかも理性的な歴史物語を作る際にそれを利用した。こうした叙事詩は、ローマ自体の手で歴史に格下げされた古いローマ神話であったのだろうか。あるいはこの叙事詩はそれ自体前ローマ期、古イタリック期に遡るもので、神話とつねに共存していたが、神話のほうはローマでは何らの移転や埋合せもなく消え去ってしまったのだろうか。それぞれの立場は、事実の細部において自己の立場を助ける証拠を見つけ出せるだろうが、こうした論争は比較研究者に直接の影響を与えるものではない。リウィウスの第一書に含まれている材料は、イデオロギー的にローマの神々の体系と合致するし、インドの叙事詩や神話とも刮目すべき対応を示すのである。

したがって、印欧語族の第二・第三機能の表象の細部について何らかの見通しを得るためには、こうした新しい要素を比較研究に導入することがどうしても必要なのである。

一三　S・ウィカンデルによる『マハーバーラタ』の神話的基盤

『マハーバーラタ』の主題は従兄弟たちのあいだの終わりのない争いで満ちているが、共感をもって描かれ、最後に勝者となるのは、パーンダヴァ（Pāṇḍava）「パーンドゥ（Pāṇḍu）の子ら」といわれる五人兄弟である。彼らは多くの驚くべき特徴を備えているが、その一つに彼ら五人が一人の妻ドラウパディー（Draupadī）を共有していたことがある。この一妻多夫制は慣習の反映であると考えられたが、アーリア人の慣習や精神にはまったく反しているし、なによりこれはアーリア人インドが最も栄光化している英雄たちの場合なのである。こうしてこの問題は四半世紀以上ものあいだ、謎として残っていたが、一九四七年にウィカンデルはこの問題に満足すべき解決案を提示すると同時に、叙事詩全体の筋立てを解く鍵をも与えたのである。

実のところ、「パーンドゥの息子ら」は彼の実子ではない。パーンドゥは女性と交わるやいなや死なねばならないという呪いを受けており、子孫を残すには特別な手続きを踏まねばならなかったのである。二人の妻のうちの一人クンティーは、若い頃の恋愛事件によって驚くべき特権を与えられていた。つまり彼女が神に呼びかければ、神は瞬時にして彼女の前に現われ、彼女に子供を授けるのである。夫の願いを聞き入れた彼女は、神々を次々に呼び出して三人の息子をもうけた。これらの神々とは、ダルマ「法、正義」(法律家ミトラの古い概念が再生された神格)、ついで風神ヴァーユ、そしてインドラである。またそれぞれによる三人の息子たちは、ユディシュティラ、ビーマ、アルジュナである。ついで夫は彼女に対し、彼のもう一人の妻であるマードリーにも同じように子供を授けさせるようにと頼む。クンティーは承知するが、それを一度限りにさせる。マードリーはこうした条件内で最善の結果を得ようとして、不離のアシュヴィン双神が呼び出されるよう求める。彼女はアシュヴィン双神によって双子を受胎するが、それが五人の「パーンドゥの息子ら」の最後に位置するナクラとサハデーヴァである。

ウィカンデルはまた、父親である神々のリスト――ダルマ、ヴァーユ、インドラ、アシュヴィン双神が階層順位もそのままで、古来の三水準の神々の規範リストを再現しているとも指摘した。ただし第一水準では再生化・貧弱化が行なわれており(ヴァルナに対応する者はなく、ミトラを代表するダルマのみである)、第二水準ではインドラの他に、『リグ・ヴェーダ』においても協力者の一人として最も頻繁にインドラと結びつけられているヴァーユが加わっている。こうした父神たちの調和的な多様性は、息子たちの性格、さらにはある程度までは彼らの叙事詩での行為をも規定しているに違いないだろうし、実際、規定しているのである。ユディシュティラは王であり、他のパーンダヴァはその補佐役でしかない。彼は正しく、徳に富み、純粋で、敬虔な王――ダルマ王であり、専門職も戦士としての資質さえも持っていない。彼はまさに主権の「ミトラ的領域」の人間的代表者にふさわしい。ビーマとアルジュナは、この一団のなかの偉大な戦闘者である。また双子はその美しさを讃美されるが、彼らはわけても兄弟たちの控え目で献身的な召使いである。それはちょうど、社会階級の理論において、第三水準のヴァイシャの徳として称賛されるのが、上位二階層に忠実に仕えることであるのに対応している。彼らが一人の妻を共有する謎は、この視点から見ればただちに説明できる。それは逸脱的な慣習の残存などではなく、ヴェーダ的、インド・イラン的、さらには印欧語族的な概念の叙事詩への翻訳なのである。さてすでに見たように、三機能が分析され階層化されて成立している男神たちのリストが最終的に完成するためには、一人の女神が必要である。この女神は多価的、正確にいえば三価的で、ヴェーダにおけるサラスヴァティーのように、三機能の綜合を自らのうちで成就させている。叙事詩はドラウパディーを敬虔な王、二人の戦士、召使いの双子のすべてと結婚させることによって、たとえば『リグ・ヴェーダ』一〇・一二五・一が（サラスヴァティーにきわめて近い）女神ヴァーチュをして次のように定式的に語らせている内容を具体化しているのである。「われはミトラとヴァルナとの両神を担う、われはインドラとアグニとを、われはアシュヴィン双神を」（辻訳、三〇七頁）。またこれは（第三機能にかかわる別種の限定つきだが）、イランの主要女神の三重称号「湿潤な、強い、穢れなき」が表明しているものでもある。

一四　インドにおける戦士の二タイプ

この発見は叙事詩全体、なかでも最初のほうの数書（大戦闘に到る以前の部分全部）についての探究の出発点となり、われわれの研究を一新する上で大いに力があった。豊饒さ、一貫性、そして多様さにもよって、叙事詩への転写は、叙情詩的な文献中の言及に主として依拠していた従来の狭義の神話学の研究ではなしえなかったような、より掘り下げられかつ一層入念な研究を、三機能のシステム、それぞれの機能、関連したいくつかの表象などについて可能としたのである。他方、一九四七年のプログラム的論文の直後に、ウィカンデルはもう一つのきわめて重要な指摘も行なった。すなわち、『マハーバーラタ』に転写された神話体系は、いくつかの面において、『リグ・ヴェーダ』の体系よりも一層古いもので、同讃歌ではぼやけてしまっているがイランでの類例からしてインド・イラン期に遡ると立証されているような諸特徴を保持しているというのである。この点に関し、前述の新しい研究がまず取り組むべき任務は、『リグ・ヴェーダ』ではインドラのみを際立たせるためほとんど完全に抹消されてしまった戦士機能中の二項対立を明らかにすることであった。実際、ウプサラ学派〔ニーバーグ、ウィカンデル、ヴィーデングレンなど〕がそれ以前の研究ですでに証明していたように、前ヴェーダ期にはヴァーユとインドラは対等の資格で、きわめて異質な二つのタイプの戦士たちをそれぞれ庇護していたのである。そしてこれらの神々の叙事詩での息子たちであるビーマとアルジュナによってより細部におよぶ観察が可能となった結果、ヴェーダ期のインドラの肉体的側面も含んだ諸特徴の一部は、それ以前の時代にはヴァーユに帰属していたことが確実となった。これら二タイプは、つぎのように容易に定義することができる。

ヴァーユ型の英雄とはある種の獣人であり、ほとんど怪物的ともいえる肉体的力を備えている。彼の武器は主としてその腕力で、時にはそれが彼固有の武器、つまり棍棒によって延長される。彼は美しくも華々しくもない。また彼はあまり賢くもなく、無軌道な怒りの破壊的な横溢状態に容易に陥ってしまう。最後に、彼は自らが守護の責任を負わされている群を離れ、しばしば単独で行動する。彼は冒険を求め、主として悪魔や悪霊を殺す。これと対照的に、インドラ型の英雄はやはり超人ではあるが、まず何よりも成功し文明化した人間であり、その力は調和がとれていて、完璧な武器を駆使する（アルジュナは弓の名手として有名で、飛道具の熟達者である）。彼は華麗で知的で、道徳的でさえある。また彼はきわめて社交的で、冒険の探求者よりは戦場の戦士である。また彼は兄弟たちの軍勢では、持って生まれた才によって総司令官を務める。

一五　イラン人、ギリシア人、北欧人における戦士の二タイプ

イランの叙事詩もまたこうした区別を知っていた。棍棒で武装し、ヴァユの儀礼と結びつ

いていた狂暴なクルサースパは、スラエタオナをはじめとする一層魅力的な英雄たちと区別されていたのである。ギリシアではヘラクレスとアキレウスのあいだのタイプ上の対立が想い起こされる。しかしさらに明確な対立図式が北欧には見られ、オーディンとトール、一般的には第一機能と第二機能のあいだに顕著な対立がある。オーディンが戦士機能の一部と重要なつながりを示すことは、すでに第二章で指摘した。こうして今やわれわれは、インド・イラン人のもとで*インドラに帰属する部分を北欧で分担していたのが、主としてオーディンであったことを知るようになった（しかしこの区分は厳格なものではない。雷鳴の神、大気的戦闘の神としてのインドラに対応するのはトールである）。これに対し*ヴァーユが司っていた部分は、むしろトールに属する。彼は荒々しく殴打し、巨人たちに対し一人で闘う冒険者である。オーディン型英雄であるシグルズ、ヘルギ、ハラルドらは、美しく、輝かしく、社会的で、ひとびとに愛され、貴族的である。これに対し、叙事詩で知られている唯一の「トール型英雄」のスタルカズルは、巨人の血を引いている。彼はトールによって人間の姿に変えられた巨人であり、粗野でつき合いにくく、乱暴で、孤独な放浪者であり、ビーマやヘラクレスの北欧における真の対応者である〔しかしデュメジルはその後、スタルカズルを「トール型英雄」とする解釈を放棄した。*ME II*, p.128 参照〕。

一六　パーンダヴァの機能別特徴

『マハーバーラタ』の詩人たちは少なくとも最初の諸書においては、こうした構造を明らかに意識しており、五人の英雄たちに異なった表象を与えること、つまり彼らが同じ状況に直面した際、どのように異なった行動をするか詳しく述べることを楽しんでいる。そうした例を二つ取り上げてみよう。

五人兄弟は不正な追放によって王宮を去らねばならなくなる。この追放は彼らが未曽有の大戦を行ない、復讐を遂げた後ようやく終わるのだが、ともかく追放の時に当たって、敬虔な正義の王ユディシュティラは、「怒りに燃えた目差しで世界を焼き尽くさないよう、衣で顔を覆いつつ」歩んで行く。ビーマは、「腕力において我に並ぶ者はない」と思いつつ、「己れの巨大な腕を眺める」。アルジュナは砂を撒き散らし、「敵の頭上に矢を雨霰と降らすさまを表現する」。双子の場合の心配は別のところにある。地上で最も美しい男であるナクラは、「旅の途中で女の心をとらえることがないように」と述べるし、彼の兄弟サハデーヴァも同様に顔をわざと汚している（二・二六二三—二六三六）。

一七　パーンダヴァの機能別変装

第四書の冒頭（二三—七一と二二六—二五三）で、五人兄弟はヴィラータ王の宮廷に身分を知られず滞在するために、それぞれ変装する。第一機能の英雄ユディシュティラはバラモンとなり、狂暴なビーマは料理‐屠殺人、そして拳闘士となる。アルジュナは腕輪や耳飾り牛の健康や増殖に関してすべてを知っている牛飼いとなる。

双児のこれらの役割は、異なってはいるが類似点もあり、興味を引く。『リグ・ヴェーダ』でも、つねに一体である彼らの父親たち〔アシュヴィン双神〕のあいだに漠然とではあるがいくつかの相違が見られており、ウィカンデルは叙事詩から明らかになった両者の差異は重要な意味を持つと指摘している。ナクラとサハデーヴァは何よりもすぐれた治癒者であり、農業とはかかわっていない（この点は彼らが概念的にきわめて古い時代〔農耕段階以前〕に遡ることを示唆していると思われる）。彼らは家畜飼育の主たる二領域を分けあい、一方が牛の庇護を引き受け、他方が馬の庇護を担当しているが、後者の役割は『リグ・ヴェーダ』における双神の第二の総称名称アシュヴィン（アシュヴァ「馬」に由来）のもととなっている。このようにわれわれは、ナーサティアーアシュヴィン双神の機能的対応者についての図式の第一の例を見てきたわけだが、こうした例は他にも認められている。たとえば双神に取って代わったゾロアスター教の陪存在であるハウルヴァタートとアムルタートのあいだでは、「健康」のジャンルのなかで、水による場合と植物による場合の分割が行なわれている。北欧のニョルズとフレイのあいだでも、少なくとも部分的には、「豊饒化」の単一な効能が、それを生み出す二つの源泉である海と大地によって区分されている。こうしたことは、叙事詩についての考察がいかに構造的な特徴を明らかにし、実りある探究の可能性を示唆するかをはっきりと示しているといえよう。

アルジュナの変装は一見したところかなり奇妙だが、それはこの特徴がきわめて太古的なためである。とはいえ、〔双子の場合と異なり〕こちらの太古性は『リグ・ヴェーダ』にもなお残っている。そこではインドラは「舞踊者」とされ、彼に従う若き仲間のマルトたち戦士群もそう呼ばれている。またマルトたちは金製の装飾品、わけても腕輪や足輪などで体を飾っており、それゆえ彼らは富裕な王子たちに喩えられている。最古の神話体系とその叙事詩的置き換えに共通するこうした特徴は、インド・イラン的な「男子結社」の実態に由来すると見て間違いない。また讃歌は沈黙しているが叙事詩的置き換えがその一面を垣間見せてくれるこうした若者集団に独特な道徳も存在していたらしい。それは、叙事詩が強調している、アルジュナによって選ばれた変装の「女性的」性格の示唆するものである。

一八　パーンドゥとヴァルナ

このようにして次第に『マハーバーラタ』の筋書きとヴェーダ的および前ヴェーダ的神話体系とのあいだにある他の対応も発見されることが可能となってきた。これは、讃歌のみではその叙情性や言及の際の修辞などのために分析が困難なのに対し、叙事詩の充全で連続的な語りでは、それぞれの場合の分析が容易であるという利点があるためである。この結果、私は叙事詩への置き換えにおいてもヴァルナが欠けていないのを明らかにすることができた。ミトラの代置者がダルマの息子として王になったのに対し、ヴァルナのほうは一世代前の不活発で死亡した存在として残っていたのである。つまりパーンダヴァの名目上の父で、長子ユディシュティラの前に王であったパーンドゥがそれである。彼には現実にはありそうもない二つの珍しい特徴が賦与されているが、それらは諸儀礼書や讃歌の一つがヴァルナに帰属させているものと一致している。その一つは彼の名前である。パーンドゥは「青白い、明るい黄色の、白い」という意味だが、パーンドゥは実際、その誕生というかむしろその受胎時の事件によって病的に青白い肌を持っていたのである。ヴァルナもまたある種の儀礼ではシュクラ「とても白い」とかアティガウラ「過度に白い」という名で呼ばれている。もう一つの特徴はさらに重要である。パーンドゥは性的に不能に等しい状態に追い込まれていた。つまり性交すれば死ぬという呪いを受けていたのである（そして実際、彼はそのために死んでしまう）。これに対しヴァルナについても、さまざまな場面（『アタルヴァ・ヴェーダ』四・四・一、王即位儀礼など）で彼が一時的に不能になったとか、去勢されたことが述べられている（この去勢は彼の近親者の利益のために行なわれたと述べられている場合もある。これはギリシアのウラノスが息子たちによって去勢されたという有名な神話を想い出させる）。

こうした研究は全体としてみればまだ緒についたばかりである。しかしウィカンデルと私は、この予想外の宝庫から役に立つ材料を多量に引き出して、讃歌の水準ではまだ依然として残っているいくつかの不確実性や困難を解明し、印欧語族像の再構成へのたしかな鍵を提供したいと願っている。

一九　原初ローマの王たちと三機能

ローマの叙事詩では、三機能イデオロギーもその陰影もインドとは異なったふうに用いられている。それらを肉化した英雄たちは、もはや同じ時代に生きる階層化されただけの兄弟たちではない。ローマの英雄たちは時代的に連続しており、次第にローマを作り上げていくのである。また彼らは規範的な順序ではなく、以下のような順序に従って連続している。(1)双子の牧者（第三機能）。(2)「ユピテル的」主権者で過度に素早い半神的創造者（第一機能のヴァルナ的側面）。ついで「ディウス的」で人間的で敬虔で立法家にして規則正しい主権者（第一機能のミトラ的側面）。(3)最後に、純粋に戦士的な王（第二機能）。さらに、ユピテル的主権者は双子の一方にほかならず、主権者の一対性は残っていても内容的には根底から変容してしまっている。こうした二重の特徴は比較研究に新たな視点を拓くものだが、ここではまず上位二機能の代表者を考察することにしよう。彼らには、これまで取り上げてこなかったような問題は含まれていないからである。

二〇　ロムルスとヌマと第一機能の二側面

年代記伝承においてローマの二人の創始者ロムルスとヌマは、ヴェーダ文学におけるヴァルナとミトラの場合に劣らぬほど規範的で、展開され、しかも同じ意義も持った対照性を示している。彼らの性格も功績も生涯もことごとく対照的だが、この対立は敵対的なものではない。またヌマはロムルスの仕事を完成させ、ローマの王権イデオロギーに第二の柱を与えたが、その重要性はロムルスの第一の柱に劣らないものであった。『アエネイス』第六巻の冥界の場面で、アンキセスは息子アエネアスに対しこれら両人を何行かにわたって定義している（七七七—七八四行、八〇八—八一二行）。アンキセスはロムルスをローマの半神的創始者で好戦的とし、鳥占いによってローマの隆盛と永続的発展の生み手になったと特徴づけている（「見よこの彼の保護の下、かのローマには光栄が、いや増し加わりその御稜威《みいつ》、率《そっ》土《と》にひろがりその意気は、オリュンポスの頂きと、高さを競うにいたるべく……」〔泉井久之助訳、岩波文庫版、上巻、四一三頁より引用。七八一—七八二行〕）。これに対しヌマは、祭司‐王、聖物の運び手（sacra ferens）、オリーブの冠を戴く者、ロムルスと同じくローマの建設者だがわけても法において（legibus）そうであると定義されている。すべてはこうした違い——「他界と現世」——を中心に秩序化されている。つまり人間がイニシアティヴをとる儀礼が、人間にとってはユピテルの不可思議な言葉を解読するにすぎない鳥占いと見事に均衡しているのである。これら二つのタイプの主権者の対立が、すでにヴァルナとミトラの場合に分析されたもの（上述第三章二節）と一つ一つ符合することは、ただちに看取されよう。ロムルスとヌマはローマの創建にとってともに重要であったが、彼らは同じ世界圏内に「属している」わけではない。プルタルコスは、後者が王権《レギウム》を拒絶し、その理由をローマの使節に説明するという場面で、ヌマ自身にあけすけに理由を語らせているが、そのなかにつぎのような適切な表現がある（『ヌマ』五・四—五）。「しかもこのひとびとはロムルスは神々の子だとしていろいろな言葉で称賛し、さる神が未だ幼かった彼を信じられないようなやり方で救ったとも述べている。ところが私は人間の出であなた方も知っての通り、人間から食物と教育を受けている……」（『プルタルク英雄伝㈠』、河野与一訳、岩波文庫、一五四頁。訳文を一部改めた）。

彼らの行動様式もこれに劣らず異なっており、彼らのお気に入りの神々にもその違いは驚くほど鮮明に現われている。ロムルスは二つの儀式しか創設していないが、それらはユピテル・フェレトリウスとユピテル・スタトルという、ロムルスに鳥占いによって吉兆を与えたユピテルの二側面に対してのものである。これらは、王権の守護神としてのユピテルの枠組にはいるが、主として戦闘や勝利とかかわるような側面である。またロムルスの第二の勝利は、ユピテルが「瞬目的変更」という他のいかなる力も手向えないような、物事の予期される正しい秩序を転覆させる主権神的幻術を駆使したことによってもたらされている。これに対し、すべての著作家たちは、ヌマがフィデスに捧げた特別の献身を強調している。ハリカルナッソスのディオニュシオス（二・七五）はつぎのように述べている。「信義《フィデス》ほど偉大で神聖な存在はひとびとのもとには他にないが、しかしそれは国家によって公にも、また個人によっても崇拝されていなかった。こうしたことから彼〔ヌマ〕はひとびとのなかで最初に「公の信義」の神域を作り、他の神々と同様に国家の費用で供犠を行なった」。同じようにプルタルコス（『ヌマ』一六・一）もヌマがフィデスの神殿を最初に建て、さらにローマ人に、最も重大な誓いを立てるときにはフィデスに掛けて行なうことを教えたと述べている。こうした両者への分配が、対照的な二人の王権神、ヴァルナとミトラ、そしてユピテルとディウス・フィディウス、の本質と合致しているのは明らかであろう。

二人の英雄の性格もやはり対照的である。ロムルスは暴力的で、年代記作者たちは彼をギリシア的あるいはエトルリア的な暴君の姿で描くことを好んだが、しかしそれでも、確実に古来のものと思われる特徴も残っている。プルタルコス（『ロムルス』二六・三―四）はつぎのように述べている。「彼の身の周りにはつねに若者のなかでもとくに用足しの手速いところからケレレス〔速い人〕と呼ばれている者たちがいた。道を行くときにはまた別の若者が杖を持って民衆を制し、革の帯を締めていて王の指示するひとびとをすぐさま縛り上げた」〔河野訳、九一頁。訳文を一部改めた〕。この主権者はヴァルナと同様に物質的に「縛る者」であるが、彼と対照的なのが静かなヌマで、彼が王になってまず行なったのはケレレスの一団を解散させることであり（『ヌマ』七・六）、ついで行なったのが、三人の大フラーメンの形を最初的に整えた（同）か、あるいははじめてこれら三役を設けた（リウィウス、一・二〇）ことであった。ヌマはどのような欲求も持たなかったが、そのなかには非ギリシア人《バルバロイ》のあいだで幅をきかせていると考えられていた暴力や野望も含まれていた（プルタルコス『ヌマ』三・六）。

　結論として、一方は戦士機能と深い親縁性を有し、もう一方は繁栄の機能と親縁性を有するといえるだろう。三度にわたって勝利の凱旋を行なったロムルスは、死後の忠告においてもローマ人に「戦さを重んじよ」（リウィウス、一・一六・七）と述べている。これに対しヌマは、ローマ人の戦争好きを止めさせることを自らの任務と考えていた（プルタルコス『ヌマ』八・一—四）。彼が王であったあいだは、一度も平和は破られなかった（同、二〇・六）。また彼はローマの領地を略奪したフィデナエ人と和平を結んだが、その際に暴力を防いだり限定したりするよう定めた取り決めが守られるのを監視するため、フェティアレス祭司を設けたとも伝えられている（ハリカルナッソスのディオニュシオス、二・七二。プルタルコス『ヌマ』一二・四も参照）。さらに彼は貧窮した市民たちにロムルスが征服した土地を分配し、「どうしても不正の源となりがちな貧困を取除き、民衆を農業に向わせて、土地そのものと同時に訓化しようとした」。それは、「どんな生業でも土地による生活ほど平和に対する愛着を速かに起こさせるものはない」からであった。そして彼は領地を地区《ウィクス》に分け、自らの配下の監督官と巡視官を置き、「実績から市民たちの性格を察知してその或るものを名誉と信用の地位に昇らせ又或るものは安易で怠慢だと非難し譴責して心掛を直させた」（プルタルコス『ヌマ』一六・三―七〔河野訳、一七二頁〕）。

こうした比較はさらに細部まで進めることもできるが、一応ここで打ち切ることにしよう。なぜなら、年代記作者たちが二人の王の対立をあらゆる方面に拡大しようとしたことは明らかだからである。たとえばロムルスは若者で乱暴であり、元老院を嫌い、おそらく彼らによって殺害された。また子供はいなかった等。これに対してヌマは元老型で荘重で、元老院によって丁重に埋葬され、数多くの氏族《ゲンス》の祖とされている等……。氏族の意向やギリシア的モデルの模倣によって、いくつかの時代にこの「対照的対比列伝」には、わけてもヌマのほうだが、一層多くの細部が追加されたと思われる。しかしこうした改作自体も伝統的な与件に適合したものであったのは明らかである。その意図は王の二つのタイプ、主権の二様式を描くことに存していたのである。そしてそれは、インドにおいてヴァルナとミトラの名のもとに表現されていたのと同じものであった。

二　トゥルルス・ホスティリウスと戦士機能

主権機能のつぎに来るのが戦士機能である。ロムルスとヌマに続けて、アンキセスはアエネアスに対してトゥルルス・ホスティリウスの様子をつぎのように描写している（『アエネイス』六・八一五）。「……安居の人民を、武器に〔in arma〕駆り立て戦いを、すでに忘れた軍隊を、勝利のためにかき立てよう」〔泉井訳、四一六頁〕。武器《アルマ》は、彼の先任者たちの鳥占《アウスピキア》いや聖物《サクラ》と同様に、彼の性格と業績の本質をよく示している。オロシウス〔五世紀のキリスト教伝道者。アウグスティヌスの友人〕は彼を軍事機構の設立者と呼んでいるが、それよりずっと以前のフロルス〔一世紀のローマ人作家〕もつぎのように述べている。「彼の勇気への敬意から、彼に王位が与えられた。すべての軍事機構や戦闘術を作り上げたのは彼である。そして驚くべきやり方でローマの若者たちを鍛えた後で、彼は故意にアルバ人を挑発した……」。

二二　インドラ神話とトゥルルス・ホスティリウス伝説

ローマ叙事詩とインド神話の比較（一九五六）はこの点でまったく予期せぬほど実りある結果を生み出し、表面的な神学体系の比較のみではその最も大まかな特徴をとらえうるだけであった印欧語族戦士機能に関し、細部にまでわたる研究を進めることを可能にしてくれた。トゥルルスの「生涯」を形成するのは二つの関連したエピソードである。一つはホラティイ三兄弟の末弟がクリアティイ三兄弟を打ち破ったこと、もう一つはメッティウス・フフエティウスに対するトゥルルスの懲罰だが、前者ではその結果としてアルバが滅亡し、後者では彼を殺すことによっていずれの場合も、まだ生まれたばかりのローマの宗主権を危機から救うという結果をもたらしている。これらのエピソードは、その「教訓」においてもその筋立てにおいても、インドラについての二つの主要な神話とほとんど重なり合っている。すなわち、一つはインドラとトリタによる三頭怪人《トリケパロス》に対する勝利、もう一つはナムチの殺害という、叙事詩伝承でしばしば連続して関連づけられて提示されている二神話がそれだが、ここでは両者の類似点を図式的に要約することしかできないので、興味ある読者は、議論や結論がより充全に論じられている上掲書を参照されるよう望みたい〔『戦士の幸と不幸』、デュメジル・コレクション4所収、参照〕。

A(a)(インド):神々は一般的に悪魔と敵対関係にあるが、その枠組のなかで、神々は三つの頭を有する恐るべき怪物に脅かされている。しかしこの怪物は「朋友の子」(『リグ・ヴェーダ』)とか神々の本従兄弟(ブラーフマナ書や叙事詩)とされ、さらにバラモンでも神々の司祭でもある。インドラはアープティア三兄弟の末子(『リグ・ヴェーダ』の場合)であるトリタ〔「三番目の」の意〕にこの三頭怪人を殺害するよう仕向ける。トリタは怪人を殺し、神々は救われる。しかしこの行為は親殺しあるいは親族殺しあるいはバラモン殺しであり、穢れをもたらす。インドラは穢れをトリタまたはアープティア一門に転嫁し、彼(ら)に儀礼的な潔めを行なわせた。そのとき以来、アープティア一門は各種の穢れ、わけても犠牲獣を必然的に殺さねばならないすべての供犠での穢れを潔める専門家となった〔*Śatapatha Brāhmana*, 1. 2. 3〕。

(b)(ローマ):ローマとアルバの宗主権《インペリウム》をめぐる長い対立に決着をつけるため、両陣営はそれぞれのホラティイ三兄弟とクリアティイ三兄弟の戦いで勝敗を決めようと取り決める(なお後者の一人はホラティイの姉妹の一人と婚約していた。またハリカルナッソスのディオニュシオスによれば〔三・一三・四〕、クリアティイはホラティイの本従兄弟であった)。戦いではホラティイ側はたちまち一人だけになってしまう。しかしこの「三番目」、つまり末子は三人の相手をすべて殺し、宗主権をローマにもたらす。ディオニュシオスの伝えるところでは、この従兄弟殺害は穢れを生む危険があったが、この問題は詭弁によって回避される。つまり決闘という提案を最初に容認したのはクリアティイのほうだから、責任は彼らのほうにこそあるというのだ。しかし同時にこの物語には、インドの例に対応するものがない家族殺しによる血の穢れが付け加えられている。三番目のホラティウスは、婚約者を殺したことで彼を呪った自分の姉妹を殺したのである。このためホラティウス氏族はこの穢れを潔めねばならず、毎年浄穢の供犠を行なうようになった。この供犠は戦争のための遠征が終結する月の始め(一〇月一日)に行なわれたが、このことからこの浄穢が伝説的なホラティウス以前に遡り、戦闘における必然的な殺害行為によって穢れた状態でローマに戻ってくる兵士たちを潔めるものであったことが窺えるのである〔以上の伝説はディオニュシオス、三・一二―二二に当たる〕。

B(a)（インド）：悪魔ナムチは、最初の一連の敵対の後で、インドラと友好の取り決めを結ぶ。その内容は、インドラが彼のことを「昼も夜も、また乾いたものでも湿ったものでも」殺さないというものであった。ある日ナムチは陰険にもインドラが三頭怪人の父によって弱々しくされていたのに乗じて、力、男らしさ、ソーマ、滋養というインドラの強みをすべて奪い去ってしまう。インドラは第三機能の規範神であるサラスヴァティーとアシュヴィン双神に助けを求める。彼らは彼に力を回復させ、取り決めを守りつつしかもそれを破る法を伝授する。すなわち、昼でも夜でもない明け方に、乾いたものでも湿ったものでもない泡を用いてナムチを殺害すべしというのである。こうしてインドラは油断していたナムチを不意に襲い、泡のなかで頭を「攪拌する」という変わったやり方でその頭部を抜いてしまう〔*Śatapatha Brāhmana*, 12. 7. 1-3 等〕。

(b)（ローマ）：クリアティイ三兄弟の敗北の後、アルバ人の首長であるメッティウス・フフェティウスは取り決めに従って彼自身とアルバをトゥルルスの支配に委ねる。しかし彼は秘かに同盟軍と通じていて、フィデナエ人との戦いに際し、その最中に軍勢とともに退却し、ローマ軍の戦線の側面を無防備状態にする。この致命的な危機に際し、トゥルルスは第三機能の神々、わけてもクゥイリヌスに願を掛け、かろうじて勝利を収める。メッティウスの裏切りに気づいてはいたがトゥルルスは騙されたふうを装いつつ、アルバ人を誉めるためと称して彼らを幕営に呼びよせる。そしてトゥルルスはすつかり警戒心をなくしていたメッティウスの不意をついて彼を捕え、ローマ史上唯一の例である二台の戦車を反対方向に走らせ体を引き裂くという刑によって、その罰を下す〔ディオニュシオス、三・二三―三〇〕。

二三　戦士機能と他の二機能の関係

こうした神話や伝説を通じて表明されているのは、すべて戦士機能の必要性、魅力、危険性についての哲学であり、またこの中央に位置している機能が他の機能とのあいだに結んでいる関係の一貫した概念である。この機能は第三機能をその目的のために活用する。また第一機能の「ミトラ、フィデス的」側面については、この機能はまったく尊敬を払っていない。戦闘や危険のなかにあって、その原理に忠実であることが戦闘の邪魔になるものや、危険を前にして戦闘意欲を弱めるものをどうして認めることができるだろうか。

インドラやトゥルルスが主権機能の「ヴァルナ、ユピテル的」側面と取り結ぶ関係もやはり衝突なしには済まされない。ヴェーダ讃歌ではインドラはヴァルナに挑戦し、その力を奪い取るとさえ公言している（またエッダの一つ「ハールバルズの歌」でも、オーディンとトールが悪意を含んだ対話を交わしている）。トゥルルスはといえば、ローマでの彼は生きたスキャンダルであった。彼は不敬な王であり、偉大な魔力の支配者ユピテルは、この余りにも純粋に戦士的でユピテルを余りに長く無視し続けた王に対し、その生涯の最後に恐ろしい復讐を行なっている。トゥルルスの軍勢は疫病に襲われるが、彼はそれでも戦いを止めない。しかし遂に彼自身も重い病にとりつかれる。それから先については、リウィウスが述べてくれる（一・三一・六―八）。

かつて聖事に心を向けるほど王にふさわしくないことは他にないと思い込んでいた彼だが、突然、大きなものから小さなものまでのあらゆる迷信に耽溺し、ひとびとに対しても宗教的な事どもを信ずるように勧めた。……言い伝えによれば、王は自らヌマの書き物を調べていて、そのなかにユピテル・エリキウスに対して行なう秘密の供犠が書かれているのを発見した。彼は人知れずそれを行なうため身を隠した。しかし彼は手続きを誤まったので神の顕現を得られなかったばかりか、誤りによってユピテルの怒りを受けて、家もろとも落雷に打たれ、炎によって罰せられた。

トゥルルスは戦士機能の宿命を表わしている。大いなる罪を負うインドラは、なるほどこうした劇的な幕切れを迎えずに済んでいるが、それは彼が神であり、結局のところ、彼の力と働きが人間にとって最も重要なものだからである。

二四　ヴェーダとローマの双子。第三機能の神話と叙事詩

ラティウム〔イタリア中部地方〕のなかで双子に栄誉を与えているのはローマだけではない。プラエネステ〔現在のパレストリーナ〕の伝説も、やや異なったふうではあるが、創設の時代に双子を位置づけている。ローマの叙事詩が栄誉を称えている双子はロムルスとレムスである。これまでわれわれが見てきたロムルスは、その生涯の第二部および最終部での姿であり、ヌマと対置させられていた。しかしこれから問題にするのは、それとは異なるローマ創建以前のロムルス、つまり「兄弟レムスとともにあるクゥイリヌス」〔『アエネイス』一・二九二〕のほうである。こうした二つのロムルス像の違いは、ローマ建国のまさにその場面において、鳥占いの吉兆をめぐる双子の争い、そしてロムルスのレムス殺害という形で、その矛盾を一気にあらわにする。そしてロムルスは兄弟と争わない忠実な朋友である「双子の一方」としての存在を止め、威厳に満ちた恐ろしくさえある王、建国者、専制支配者となるのである。また彼は、すでに見たように（上述二〇節）、自分の進む前に縄を絶えず構えている文字通り「縛り手」というべき者たちを配置していたが、こうした姿は、ヴェーダのパンテオンにおいて紐で武装している姿で描かれるヴァルナが彼の対応者であることを示している。

インド・イランの三機能リストの最後に位置する双神ナーサティアｰアシュヴィンとローマ叙事詩の双子のあいだの形態的対応は、細部にまで及んでいる。双子はアルバを後にし、ローマを建国するまでは「第三機能」以外の存在ではない。彼らは牧者であり、牧者によって育てられ、典型的な牧者としての生活を送っている。目立つことといえば、狩りを好んだり、肉体の鍛練に励むことくらいである。こうした牧畜的枠組のなかでもローマ原文化の進化（わけても戦車が戦闘で用いられなくなったこと）によって、（アシュヴィンの名に示されている）「馬の側面」が双子から消去され、「牛と羊の側面」のみが残り、ロムルスとレムスはより一層、牧畜経済のなかに位置づけられるようになったといえよう。

　前にも述べたように、ナーサティアは余りに「人間と交わる」（『シャタパタ・ブラーフマナ』四・一・五・一四など）ため、当初は神々によって疎んじられていた。また後代の文献でも、彼らは当初シュードラの神、つまり神々のなかでもその秩序化された社会の外に位置する最も下位の存在とされていたと述べられている。ロムルスとその兄弟が生き、考え、行動していたのも似たような状況においてであった。彼らは「主権者」ではまったくなかったし、秩序に対する何らの尊敬も持ち合わせていなかった。彼らは賤しい者たちをかばい、王の代官や目付役や家畜頭を軽蔑していたのである（プルタルコス『ロムルス』六・七）。彼らが王に対する戦いを起こしたときに彼らにつき従ったのは、牧者の一群（リウィウス、一・五・七）とも、貧民や奴隷の群れ（プルタルコス『ロムルス』七・二）ともいわれており、後にローマが避難所《アジール》としてさまざまなひとびとを受け入れたことを予示している（同、九・五）。

　ナーサティアが人や運命の不正を改める存在であるのと同様に、ロムルスとレムスも不正の矯正者である。要するに、神であるナーサティアが奇跡によって解放や秩序の回復や治療を行なうのに対し、ロムルスとレムスのほうは、仲間をならず者から守ったり、アムリウスの羊飼いから嫌がらせを受けたヌミトールの羊飼いの仇を討ったりするのに人間的な手段しか使えないという違いがあるだけなのである。ナーサティアの善行のなかで最も有名で、彼らが神々の仲間に入る契機ともなったのは、衰弱した老人チヤヴァナを回春させた一件だが、ロムルスとレムスの有名な武勲で、彼らの幸福の始まりともなったのは、やはり彼らが年老いた祖父〔ヌミトール〕を一度は失ったアルバの王位に復位させたという一件であった。

『リグ・ヴェーダ』ではナーサティアの二人は一緒に行動していて、判別はほとんど不可能である。しかしあるテキストによれば、二人のあいだにはギリシアのディオスクロイの場合と同様の大きな違いがあったという。つまり一方は天空神の息子で、他方は人間の息子というのだ。ローマの双子に見られる不均衡はこれとは性格を異にしているが、二人の違いにはやはり大きなものがある。誕生時には等しかった二人のうち、一人だけが輝かしい生涯を送って神――第三機能の規範神クゥイリヌス――となり、もう一人は早死し、有名人が亡くなった場合に慣例である名誉しか受けていない。オウィディウスは二人についてつぎのように述べている（『祭事暦』二・三九五―三九六）。「そして何と二人は似ていることか！　そして何と二人とも美しいことか！　しかし二人のうちこちらのほうがより力を持つのである……」。

ナーサティアについての神話は余り詳しく知られているとはいえないが、それでも彼らの奇妙な行動の一部は、ロムルスとレムスの伝説に見られる特徴と一致を示している。場合によっては役割が正反対のこともあるが（守護者であって、被守護者ではない）、これはナーサティアが神でありローマの双子が人間であることによる。さて、ナーサティアがしばしば果たす役割の一つに、女性や獣の牝の不妊を解消するということがある。これに対し、ロムルスとレムスは、ルペルキ（二月一五日にローマで祝われた古い祭ルペルカリアの祭司団。二団あって若者たちで構成）の最初のリーダーであったとされている。ルペルキの任務の一つは、笞で打つことによってローマ女性を母にすることであった（通説と異なりこの儀式の起源をサビニ女性の略奪とローマの建国の後とする起源譚伝説によれば、この行為は本来は不妊性全般を解消するために始められたとされる）。——『リグ・ヴェーダ』全体を通して、狼は悪しき存在、敵とされている。唯一の例外はナーサティアに関連するつぎの場合である。ある若者が一頭の牝狼を養うため、それに一〇一頭の羊を与えた。これを罰するため、父親は若者の両目をくり抜いた。牝狼の祈りを聞き入れた神的双子は不幸な若者の視力を回復してやった。これに対しロムルスとレムスの物語でも、しかもローマでもその物語の場合にのみ、牝狼がよく知られているような心温まる役割を演じている。ただしこちらでは養われるのではなく、養うのだが。——またルペルカリアの儀礼と伝説（オウィディウス、同、二・三六一―三七九）やロムルスとレムスの幼年期の物語（プルタルコス『ロムルス』六・八）では、競走が重要な役割を担っているが、「アシュヴィン双神」〔Aśvin＜aśva「馬」〕の神話でも、戦車競走だがやはり事情は同じである。――残念なことに余り明瞭ではないパレスの田園祭の特徴（「切られた馬」）、そしてロムルスとレムスやローマ建国と密接に結びついている女神「パレス」の概念自体も、ナーサティアの伝説の一つを想い出させる。それによれば彼らは、競走の最中に足を切った「ヴィシュのパラー」（ヴィシュは第三機能の原理であり、また「氏族」でもある）と呼ばれる牝馬を治療したとされている。

こうしたさまざまな比較から、つぎのようにいえるだろう。ロムルスとレムスは「前ローマ期」の経歴に関しては、ナーサティアとほとんど一致する。これに対し、王となってからのロムルスとその後継者ヌマはヴァルナとミトラに対応し、トゥルルスはインドラに対応する。またロムルスは死んで神格化されると、第三機能の規範神クゥイリヌスになったといわれる。つまり彼はその本来の姿に戻ったわけであり、こうした顕著な一致を見るならば、ロムルスとクゥイリヌスの同一視は二次的で後代の産物だとする一般に説かれている立場も改める必要があることがおわかりいただけよう。

二五　他の二機能の基盤である第三機能

ローマの起源を語る叙事詩中に三機能が現われる順序は、三→一→二となっていて、ロムルス自身が「ナーサティア」から「ヴァルナ」に変わるのだが、こうした例は他に類例がないわけでもなく、これまで取り上げてこなかった三機能構造の一側面を明らかにしてくれる。しかしまず、第三機能はたしかに最も下位にあるが、にもかかわらず他二機能の基盤と条件になっているという自明な事実を再確認しておこう。そもそも魔術師でも戦士でも、牧畜-農耕者がいなくてどうやって生きていけるだろう。イラン伝説ではイマがロムルスと同様に勢力ある王となり、驕り高ぶる――アフラ・マズダーを軽侮する――のだが、その彼ももっと以前の生涯の最初の部分では善良な「第三機能の英雄」であり、豊かな牧場を持っていて、そこでは人にも動物にも植物にも病気や死は存在しなかった（『ヤシュト』一九・三〇―三四）。次にオセット叙事詩（上掲第一章四節）には双子のエクセルとエクセルテグがいる。後者は恨みの余り前者を殺し、エクセルテカッテ家（区分的には強者、戦士の家系）を興したとされるが、ある伝承によれば、彼ら自身は「ボラ」の出自、つまりボラテ（富裕者の家系）であったとされている。同じ哲学はインドの儀礼でも供犠の場において表明されている。そこには三機能に対応する三つの祭火が置かれねばならない。一つは神々に供物を送る火であり、もう一つは悪魔を防ぐ火であり、そして三つめは家長の火である。そしてこの三番目の「ヴァイシャの火」と特徴づけられるものが基礎的な火であり、最初に点され、他の二つの火はそこから分けられるのである。

二六　研究の進展

このように私は読者に、研究の成果が分類され収められている倉庫のなかを案内してきた。しかしそれだけではない。三機能のそれぞれに関する神学体系と神話体系、とくに第二、第三の機能の場合についていえば、私は読者を比較研究者が今なお資料と取り組んでいる最中の発掘現場にも案内してきたからである。仕事は続けられねばならない。しかしそれは新しい掘り出し物を見つける作業だけではない。そこには、よりよく理解された全体像に照らし合わせて、細部を改めたり再解釈したりする、つまり一般的にいえばこれまでの結論を批判的に検討する作業も含まれているのである。

さて皆さんに暇を乞う前に、案内人はつぎのことをもう一度強調しておかねばならない。つまり三機能のイデオロギーがいかに重要ないしは中核的であったとしても、それは比較分析によって解明ないしは再建できる印欧語族の共通伝承のごく一部でしかないという事実がそれである。数多くの相互に独立的といってよい材料置き場への扉が開かれているのである。「先頭神」、曙女神やその他の神々、太陽の危機についての神話、聖職者の種類や供犠のメカニズム、宗教思想の基本的概念などについては、比較わけてもインド・イラン資料とローマ資料の比較によってすでに偶然とは見なしがたい一致が認められているし、これからもさらに多く発見されるに違いない。

アーダルベルト・クーン（一八一二—一八八一）とフリードリッヒ・マックス・ミュラー（一八二三—一九〇〇）の学派は、印欧語族の共通神話体系を再建しようとしたが、この知的でかつ勇敢な試みは、まだ時期尚早であり、失敗に終った。その後しばらくのあいだ、こうした企ては実りなきものとされ、その結果、つぎのような二つの状況が生じた。その一つは、ヴィルヘルム・マンハルト（一八三一—一八八〇）の影響下に、研究の焦点がヨーロッパ全域にかなり均一に認められる庶民の農耕儀礼や信仰に向けられたことである。この結果として、多様な宗教、わけても古典古代のひとびとの宗教の数多くの儀礼や神話が、独自の有縁性や関連性に注意を払われぬまま、上記の庶民の儀礼や信仰に還元されるようになった。もう一つは、次第に増大しつつあった専門家の自己限定の傾向のため、インド、ギリシア、ラテン、ゲルマンといった諸領域の研究者それぞれが、あらゆる比較研究を拒絶し、自らの領域内の宗教の起源とその最初期の発展を説明するために、前提を事実と取り違えたような、また問題点について相互に矛盾するような諸仮説をしばしば作り上げたということである。そうした仮説では、印欧語族に共通の過去から伝えられてきた伝承はまったくないか、あるにしてもきわめてわずかでしかないと主張された。そうしたなかにあって、「印欧語族宗教」という考えに賛同を示し続けた著作はごく少数であった。その一例が、A. Carnoy, *Les Indo-Européens*（1921), p.154-240である。

しかし今世紀の第二・四半世紀に入ると、その反動が現われてきた。着想や志向においては異なっているが、ドイツのつぎの各書はその例として逸することができない。H. Güntert, *Der arische*

Weltkönig und Heiland (1923); R. Otto, *Gottheit und Gottheiten der Arier* (1932); F. Cornelius, *Indogermanische Religionsgeschichte* (1942)、そしてF. R. Schröder の一連の見事な論文や著作。

一九二一年以降の十二年余りのあいだ、私自身も「比較神話学」再建のための最初の努力を行なった。しかしその分析手段は不完全な言語学であったし、説明法といえば、マンハルトやフレイザーの見方に余りに囚われたままであった（*Le Festin d'Immortalité*, 1924, *Le crime des Lemniennes*, 1924, そして数篇の論文。これらにはもはやほとんど価値はない。*Le problème des Centaures*, 1929 と *Flamen-Brahman*, 1935 の場合には、まだ有効な部分がある）。一九三八年になってやっと――もっともそのときはまだ一人であった――、そして一九四五年以降は他の研究者も加わり、時には彼らに先行されつつ、私は探究のための条件と手段をより明確に意識して、印欧語族に共通な伝承の構造の主要な特徴を明らかにできたと思っている。この探究は、いかなる先験的な説明体系も後ろ盾として持ってはいないが、観念の言語的な分析とともに、社会学や民族学の成果も活用している。前提とするのは、つぎの二つの仮定のみである。第一に、あらゆる神学的・神話的体系は何かを意味しており、そうした体系を実践する社会が自らを理解し、容認し、自らの過去・現在・未来を誇りに思うのを助けている、ということ。また第二に、印欧語族のような言語共同体は、実体性のある共通なイデオロギーを一定限度に所持しており、適当な一連の比較研究法を用いることにより、このイデオロギーに到達することが可能である、というものである。

早くも一九一八年にJ・ヴァンドリエスが論文のなかで注意を喚起していたある事実が、こうした探求での多くの進歩を可能にしてくれた。彼は、インド・イラン人をその一方とし、ケルト人と古代イタリア人をもう一方とする二領域における宗教的語彙が、多くの正確な、しかも二領域のみに限定される対応を示すことを指摘したのである。私は一九三八年のプログラム的論文《La préhistoire des flamines majeurs》, *RHR*, 108, pp.180-200において、この緊密な親縁性が語彙のみに限られず、宗教の構造にまで及ぶものであることを明らかにした。そして事実、一九三八年以降、後のより広範な比較の基礎ともなった最初の一連の正確な対応をあらゆる面で示したのは、ヴェーダまたはインド・イラン資料とローマ資料であった。ゲルマン資料は、宗教語彙では上記二領域とはまったく異なっていたが、ひとたび上述の構造が明らかにされると、やはり印欧語族的伝統にきわめて忠実であることを迅速に示すに到った。しかしケルト領域は、印欧語族的枠組と大筋においては一致しているものの、用いることのできる資料が限られているため、依然として多くの未解決の問題を含んだままである。そしてギリシアは比較研究に貢献するところはほとんどない。これは疑いもなく、いわゆる「ギリシアの奇蹟」の代償であり、またエーゲ海の最古の諸文明が北方からの侵略者に非常に強い印象を与えたためである。そこでは印欧語族的遺産の最も主要な特徴さえ根底から姿を変えられてしまっている。印欧世界のなかのその他の領域、とくにバルト人とスラヴ人については、残念ながら彼らの資料を有効に用いるにはまだ到っていない。

印欧語族の三機能イデオロギーを私は著作のなかで次第に明らかにしてきたが、それらの著作のうち主要なのは以下のものである。

Mythes et dieux des Germains, essai d'interprétation comparative, 1939.〔略号 *MDG*〕
Mitra-Varuna, essai sur deux représentations indo-européennes de la souveraineté, 1940, 2e éd. 1948.〔略号 *MV*〕

Jupiter, Mars, Quirinus, essai sur la conception indo-européenne de la société et sur les origines de Rome, 1941.〔略号 *JMQ*〕

Naissance de Rome（=*JMQ II*）, 1944.〔略号 *NR*〕

Naissance d'Archanges, essai sur la formation de la théologie zoroastrienne（=*JMQ III*）, 1945.〔略号 *NA*〕

Tarpeia, cinq essais de philologie comparative indo-européenne, 1947.

Jupiter, Mars, Quirinus IV, 1948.〔略号 *JMQ IV*〕

L'héritage indo-européen à Rome, introduction aux séries《*JMQ*》*et*《*Mythes Romains*》, 1949.

Le troisième Souverain, essai le dieu Aryaman, 1949.

Les dieux des Indo-Européens, 1952.〔略号 *DIE*〕

Rituels indo-européens à Rome, 1954.〔略号 *RIER*〕

Aspects de la fonction guerrière chez les Indo-Européens, 1956.

Déesses latines et mythes védiques' Coll. Latomus, XXV, 1956.〔略号 *DLMV*〕

〔デュメジルの比較神話関係の現在までの一覧は、「訳者文献案内」を見られたい〕

なおここでは触れなかった方法論的問題は、上記の著作の大部分のものの序文において論じられているが、とくに *L'héritage* の第一章（《Matière, objet et moyens de l'étude》）で体系的に述べておいた。

注

略号表〔一部増補〕

AESC=Annales, economies, sosiétés, civilisations; *AV*=Atharvaveda; *BGDSL*=Beiträge zur Geschichte der deutcshen Sprache und Literatur; *EVP*=Études védiques et pāṇinéennes; *FFC*=Folklore Fellows Communications; *IIJ*=Indo-Iranian Journal; *JA*=Journal Asiatique; *JAOS*=Journal of the American Oriental Sosiety; *JP*=Journal de Psychologie; *NC*=La Nouvelle Clio; *REL*=Revue des Études Latines; *RHA*=Revue Hittite et Asianique; *RHR*=Revue de l'Histoire des Religions; *RP*=Revue de Philologie; *RSR*=Recherches de Science Religieuse; *ṚV*=Ṛgveda; *SBE*=Sacred Books of the East; *SMSR*=Studi e Materiali di Storia delle Religioni; *TPS*=Transactions of the Philological Society; *ZCP*=Zeitschrift für Celtische Philologie; *ZDMG*=Zeitschrift der Deutschen Morgenländischen Gesellschaft.

第Ⅰ章

1　V. M. Apte, 《Were castes formulated in the age of the Rig Veda?》, *Bull. of the Deccan College, Research Institute*, 2, pp.34-46. bráhman については、L. Renou, 《Sur la notion de bráhman》, *JA*, 237, 1949, pp.1-46. を見よ。この解釈は W. B. Henning, 《Brahman》, *TPS*, 1944, pp.108-118 の指摘するイランでの事実と見事に一致するものであり、これによって私が *Flamen-Brahman*（1935）で唱えた説は誤りであったのが確実となった。P. Thieme, 《Brahman》, *ZDMG*, 102, 1952 は、ルヌーの研究の分析を推し進めるものでも、その結果を変更するものでもない。ブラフマン〔brahmán〕とフラーメンの関係については、*RHR*, 138, 1950, pp.255-258; 139, 1951, pp.122-127 における私の J. Gonda（*Notes on Brahman*, 1950）に対する批判を参照のこと。私は両者の関係を近いうちに再度論ずる予定である。――アヴェスター

語の xšaθra と同様に、ヴェーダ語の kṣatrá も時には「第一水準」の語彙としても用いられることがあり、曖昧さを持っている。しかしサンスクリット語の kṣatriya が第二水準の男を指すこと、Xšaθra がゾロアスター教において第二水準の神インドラに取って代わった大天使の名前であること（第二章八節）、そして Æxsaert-æg- がオセット人の叙事詩において「強者」と特徴づけられている家系の名前であること（第一章四節）などの一致から、すでにインド・イラン人において、この語が第二水準の本質を表わす技術的用語であったことが確証される。

二　Dumézil,《La préhistoire indo-iranienne des castes》, *JA*. 216, 1930, pp.109-130; Benveniste,《Les classes sociales dans la tradition avestique》, *JA*, 221, 1932, pp.117-134;《Les mages dans l'ancien Iran》, *Publ. de la Soc. des Études Iraniennes*, n° 15, 1938, pp.6-13;《Traditions indo-iraniennes sur les classes sociales》, *JA*, 230, 1938, pp.529-550; H. S. Nyberg, *Die Religionen des alten Iran*, 1938, pp.89-91; Dumézil, *JMQ*, pp.41-68;〔Benveniste, *Le vocabulaire des institutions indo-européennes*, I, Les éditions de minuit, 1969, pp.279-292:《La tripartition des fonctions》, 細井敦子訳「職能の三分化」、吉田敦彦編『比較神話学の現在――デュメジルとその影響』朝日出版社、一九七五、二四一―二六四頁所収、および前田耕作監修、蔵持不三也他訳『インド・ヨーロッパ諸制度語彙集』I―II、言叢社、一九八六、I、二七一―二八五頁〕。

三　この解釈は、A. Christensen, *Les types du premier homme et du premier roi*, I, 1917, pp.137-140 の示唆から発して、二節に挙げた論文や著書において徐々に形成されてきたものである。

四　*JMQ*, pp.55-56. オセット人の伝承については、私の著作 *Légendes sur les Nartes*, 1930 を見よ。一九四〇年以降の大規模な調査の結果は、*Osetinskije Nartskije Skazanija* (Dzaudžikau), 1948（オセット語版、*Narty kadd͡žitæ*, ibid., 1946）として出版されている。Tuganov より引用したテキストは、彼の論文《Kto takie Narty?》, *Izv. Oset. Instit. Kraevedenija*, 1 (Vladikavkaz), 1925, p.373 のものである〔オセット人に

関するデュメジルの本書以降の研究として、*LH*; *ME* I^2, pp.439-575; *RS* を参照〕。

五　私のコレージュ・ドゥ・フランスにおける *Leçon Inaugurale* (1949), pp.15-19 および、*BGDSL*, 78, 1956, pp.175-178.

六　*JMQ*, pp.110-123. 七年後、第二次大戦が終って、T. G. E. Powell,《Celtic origins: A Stage in the Enquiry》, *J. of the R. Anthropol. Institute*, 78, 1948, pp.71-79 が私の論証を再び取り上げた。「最も興味深いのは、ここで論じたひとびと〔インド人、古代イタリア人、ケルト人〕のあいだで社会の三重区分が認められる点である。最高位には学識がある聖職者階級が割り当てられ、第二位には戦士が、そして最下位には平民が割り当てられる」等。——aire と arya の関係の問題と同様に、アイルランドの英雄 Éremon の名をインド・イラン神 Aryaman と関係づける語源解釈も放棄すべきだと私は現在考えるに至っている（第三章六節）。したがって私の著作 *Troisième Souverain*, 1949 の終章は削除されねばならない。

七—八　この分析は、*JMQ*, pp.129-154; *NR*, pp.86-127; *JMQ IV*, pp.113-134 で次第に進められてきたもので、ここでは一部、*L'héritage*, pp.127-130, 190-209 の要約を再録した。ウンブリア人は、その社会においても、三機能の代表者を区別していた。《*ner-* et *uiro-* dans les sociétés italiques》, *REL*, 31, 1953, pp.183-189〔*IR*, pp.225-241 に再録〕。

八　この分析に対する批判は、*NR*, ch. II において詳しく検討し、その要約は *L'héritage*, pp.196-201, 229-231 に行なってある。また私はつぎの点も指摘しておいた。まずウェルギリウスがラムネスを固有名詞として用いている点——「暴慢のラムネスに対して」(superbum Rhamnetem)（『アエネイス』九・三二四—三二五）——だが、この語は「王にして占者」(rex et augur)〔同三二七〕を指している。つぎにルケル-は、共和政初期にまつわる伝説中で最も戦闘的な氏族の一つに数えられているルクレティア族の名にその起源を有すると思われる（なおルクレティア族はトリキピティヌスという添え名《コグノメン》を有していたが、これは明らかに三頭怪物《トリケパロス》の神話を暗示している）。最後にティティエンセスの語根（F. Bücheler, *Kl. Schr.*, III, 1930, pp.75-80）は、豊饒性、愛、情欲といった一つではないが収束点を持つ語にのみ他では認められる。こうした事実は、三部族《トリブス》の各々が、三機能の各々と分化的に結びつくことを論証している。さらに私は、とくにローマやローマのイメージに沿って考えられた他の諸社会における構成要素としての「三機能」あるいはその代表物を文学作品のなかに探ってみた。*JMQ IV*, pp.121-136; *REL*, 29, 1951, pp.318-329. そうした「三機能」的見方は、歴史家たちやプロペルティウスの作品のなかに明確に現われている。ローマの起源におけるラテン人とサビニ人の融合が歴史的事実であったかという問題も、この点と関連はあるが、問題の質は異なっている。以下の第二章一七節の注を見よ〔本書以降のものとして、とくに*ME I*², pp.259-437を見よ〕。

九　*JMQ*, pp.252-253. これに対し、ドーリア人の階層は別のタイプのものである。*JMQ*, pp.254-257は改められねばならない。イオニア人の氏族《ビュライ》についての Martin P. Nilsson の最近の研究（*Cults, myths, oracles and politics in ancient Greece*, 1951, pp.143-149）は、私が他所で論じたように問題を多く含んでいる。L. R. Palmer は、ミケーネ文書中に印欧語族的な社会の三区分を認める見事な論を展開している。*TPS*, 1954, pp.18-53; *Achaeans and Indo-Europeans, an Inaugural Lecture*（Oxford). 1954, pp.1-22. プラトンの『国家』における「三区分」については、*JMQ*, pp.257-259において私は次のように論じた。「イオニア人の最古の伝承が社会の機能的四区分（祭司、戦士、農民、職人）の記憶をとどめているように、プラトンの理想国家も、最も厳密な意味での印欧語族的残存とはいえないだろうか。なお、それは三機能の調和的配列によって成立していた。*τὸ φυλακικόν* または *βουλευτικόν*, *τὸ ἐπικουρικόν*, *τὸ χρηματιστικόν*、マルシーリオ・フィチーノ〔一四三三—九九。ルネサンス人文主義者、哲学者。プラトンのラテン語訳を行なった〕の訳では custodum genus, auxiliarii, quaestuarii つまり統治する哲学者、戦う戦士、農民と職人を一つにした富を生産する第三身分、がそれである。第三のグループの上に立つ第一と第二のグループの連帯は強調されるが、それ以上にそれぞれの独自性が強調されている。各々の階級が自らの定義への合致 *οἰκειοπραγία* を心掛けること、混合 *πολυπραγμοσύνη* を避けること。そうすれば政治の最終目標である正義がおのずから確立されるというのである。結局、それぞれの階級には、独特の「徳の公式」が対応することになる。第三身分の場合は、節制 *σώφρον* のみである。戦士では節制に勇気 *ἀνδρεία* が加わる。そして「守護者」はさらに知恵者 *σοφοί* でもなければならない。インドの政治・宗教的教説を少しでも知っている人ならば、これらすべてがインドの状態を想い出させるのに気づくことであろう。すなわち、社会の三階層の定義、上位二階層 ubhe vīrye〔双力〕の連帯、階層の混合 varṇānāṃ saṃkaram に対する呪い、自らに属する行動様式のみを遵守するようにとの勧告、そしてそれぞれの階層への義務と徳の振り分けなどである。インドの法学者と『国家』は呼応している。それは両者が祖先からの同じ歌を歌っているからではないだろうか。……また、この三分的「印欧語族哲学」がプラトンまで伝わってきた経路があったのかも知れない。たとえばイオニア人の起源伝承の他に、非アーリア人の教義保存者やアーリア人のアケメネス朝の帝国との多岐にわたる接触、さらにはトラキアやピリュギアの知の断片が残されており三幅対も認められるオルフィック教、そしてピュタゴラス教も考えられる。なおピュタゴラス教についてはアンリ・ユベールが二〇年前に私に、「極北人《ヒュペルボレイオイ》」の要素も無視してはならないと忠告してくれた。そして最後に民間伝承もその一つかも知れない……」。インドとプラトンにおける三区分の心理面への適用については、以下一八節を参照。

一〇　上記五節の文献参照。marianni（エジプト語 ma-ra-ya-na 等。楔形文字 mar-ya-an-nu 等。おそらく Albright の考えるように、アーリア語の複数対格 máryān にフリ語の語尾 -ni がついたもの）については、R. T. O'Callaghan,《New light on the Maryannu as chariot-warrior》, *Jb. f. kleinas. Forschung*, I, 1951, pp.308-324. を見よ。基本的文献は、S. Wikander, *Der arische Männerbund*, 1938; H. Lommel, *Der arische Kriegsgott* 1939; O. Höfler, *Kultische Geheimbünde der Germanen*, I, 1934 である。インド人とゲルマン人それぞれの「男子結社」の違いは、前者が（ヴァルナでなく）インドラに属するのに対し、後者が（トールでなく）オーディンに属する点にある。ゲルマン人における「戦士機能」の発展（第二章二二節参照）の影響については、すでに *MDG*, p.92, n. 1 でも触れたことがあるが、より明解な記述として、J.

de Vries, *Altgerm. Rel.-Gesch.* II^2, 1957, §§405-412 を見よ。

一一　「三十三」型のローマとインドでの対応の解釈は、*JMQ IV*, pp.156-170, *L'héritage*, pp.213-227 に示しておいた。ヴェーダの「三十三神」は、世界の三領域に配置されており (*JMQ IV*, pp.30-33; *DIE*, pp.7-9 に要約)、それぞれ三機能とつながっている (*JMQ*, p.65)。「三十三神」がインド・イラン語派に共通であることは、アヴェスタの「三十三の ratu」(守護霊または種々の生物種の原型) の観念によって確証されている。*JMQ IV*, pp.158-159. この発見は、J. Darmesteter と S. Wikander による。

一二　E. Benveniste は、その論文《Traditions indo-iraniennes sur les classes sociales》, *JA*, 230, 1938, pp.529-549 において、三分的イデオロギーが社会機構の多くの面に溢れているのは、その事実がよく知られているインドのみに限られてはいないこと〔イランにおいても認められる〕、そしてそれが時代を経るにつれ、特定の領域にしか適用されなくなることをはじめて指摘した。彼は別の論文(《Symblisme social dans les cultes gréco-italiques》, *RHR*, 129, 1945, pp.5-16) の冒頭 (p.5) で、先の論文での成果を要約して、つぎのように述べている。「社会を祭司、戦士、農耕者の三階級に区分する原理は、インド・イラン人がはっきりと意識していたもので、彼らの目には自然の状態の正当性と必然性を示すと映っていた。この分類はインド・イラン人世界をきわめて深い所で支配しており、その現実の領域は、讃歌や儀礼の明確な言説として、広く認められる。先に明らかにしたように〔*JA*, 1938, p.529 sqq.〕、狭い意味での社会の分野以外のさまざまな表象も、それに沿うようにされ、その結果として、観念的全体性のすべての定義は、無意識のうちに、人間社会を構成している三分的枠組を借用する傾向を持つようになった。さらに、デュメジル氏は、一連の見事な研究において、この分類の起源を印欧語族共同体にまで遡るものとし、古代西部ヨーロッパの神話や伝説のなか、わけてもローマ宗教のなかにこの分類を発見している。彼の著書『ユピテル、マルス、クゥイリヌス』はこのローマ宗教に関する研究である」。——「技術」の社会的三区分との関係は一定ではないが、この問題は、《Métiers et classes fonctionnelles chez divers peuples indo-européens》, *AESC*,

13, 1958, pp.716-721 で論じてある。

一三 Benveniste, 《Traditions indo-iran. sur les classes sociales》, *JA*, 230, 1938, pp.543-545; Dumézil, 《Triades de calamités et triates de délits à valeur trifonctionnelle chez divers peuples indo-européens》, *Latomus*, 14, 1955, pp.173-185.

一四 Benveniste, 《La doctrine médicale des Indo-Européens》, *RHR*, 130, 1945, pp.5-12; Dumézil, 上掲論文、p.184, n. 2.

一五 *JMQ*, pp.114-115.

一七 *JMQ IV*, pp.170-176. に付録として収めたゲルシェルの未刊の覚え書の一部、《Les trois fonctions et le droit romain, d'après M. L. Gerschel》.

一八 プラトンとインドについて、*JMQ*, pp.259-260 を見よ。「それは『国家』第四巻の最も美しい個所になるまで現われてこない。プラトンは、社会の三分的構図を発見した後、個人つまり『一人の人間』にその探究を向け、この小宇宙の中に、国家の場合と同じ要素が同じ階層順で、同じ徳を同じ調和の条件で支配しているのを発見しようとする。『人が正しい人間であるのも、国家が正しくあったのとちょうど同じ仕方による』〔四四一D。藤沢令夫訳、岩波文庫〕。人はそのなかに賢者、戦士、商人に対応する部分を持っている。それらは理性、気概、欲望の原理、*τὸ λογιστικόν, τὸ θυμοειδές, τὸ ἐπιθυμητικόν* である。そして第二のものが第一のものを助ける形で、つまり最初の二部分が一緒になって、『各人の内なる魂がもつ最多数者であり、その本性によって飽くことなく金銭を渇望する』〔四四二A。藤沢訳〕おそるべき第三部分を支配するようにさせること、また知恵、勇気、節制に対し、それぞれにふさわしい精神的雰囲気を整えてやること、それが人のなすべき義務なのである。インドも、表現法や形成法に独特の不安定さを示しつつも、やはり同じように魂の構成を捉えているし、少なくとも魂を、社会や宇宙と同じ三つの guna〔構成要素〕に包まれたものと見ている。これら三要素、sattva, rajas, tamas〔純質、激質、翳質〕は古くは光、薄明、闇とされて

いたが、これらは別個に、あるいは組み合わされ、国家と同様に個人をも構成する。ある場合には、倫理法、情愛、実利、——dharma kāma, artha——がグナの場合と同様な三幅対《トリアード》を作り、その均衡が良いか悪いかによって、人のタイプが定義される。またある場合には、きわめてインド的な図式に従って、清浄な知識、安らかでない活動、誤ちの源である無知がわれわれのはかない存在を巡って相争う。そしてこれらを列挙するのみで、治癒の方向が示される……」。——アイルランドと女王 Medb については、*JMQ*, pp.115-116〔; *ME II*, pp.331-353〕を見よ。メーヴは自らその第二、第三の要求に明解な注釈を行なっている。彼女の夫は、彼女と同様に、戦さでは勇敢でかつ気前が良くなければならないのである。第一の要求については、彼女はつぎのように説明している。私の夫たるものは嫉妬してはならない。なぜなら、「私は一人の男の陰に、もう一人の男を欠かしたことがない」からである。これは、メーヴが体現し与えるアイルランドの王権を巡って、つねに争いがあったことの暗示である。——プラトンのはるか後代の継承者というべきクラウディウス・クラウディアヌス〔四—五世紀にラテン語で著作したギリシア人。異教世界最後の大詩人とされる。ギボン『ローマ帝国衰亡史』二九章参照〕は、『ホノリウス帝の第四期執政職について』*De quarto consul. Hon.* において、魂の三部分（または三つの魂）について卓抜な理論を呈示し、二五九行では、メーヴの三つの要求と類似した文句を記している（ただし第一水準は「恐れ」となっている）。Si metius, si praua cupis, si duceris ira|seruitii patiere iugum……「もし汝が恐れるなら、悪を熱望するなら、怒りに駆り立てられるなら、汝は軛を甘受することになろう」。——「三分的ザラスシュトラ」については、K. Barr,《Irans profet som *τέλειος ἄνθρωπος*》, *Festkr. til L.L. Hammerich*, 1952, pp.26-36 を見よ。

一九　Tuatha Dé Danann〔ダナ女神のひとびと〕の聖物については、*JMQ*, chap. VII（ただし pp.241-245 は削除）を見よ。ヴェーダの聖物（祭官・神ブリハスパティの不思議な牝牛、インドラの二頭の鹿毛色の馬、アシュヴィン双神が世界を巡って厚情を施すのに用いる三車輪の戦車。たとえば『リグ・ヴェーダ』一・一六一・六）やスカンディナヴィアの聖物（オーディンの不思議な指輪、トールの槌、フレイの黄金の毛の猪）については、*Tarpeia*, chap. IV（《Mamurius Veturius》), pp.205-246を見よ。

二〇　ヴェーダ儀礼には、ヴァイシャに黒色を割り当てる古い伝統の痕跡が認められる。インド人は家を建てるのに、異なった色の土壌を選んだ。ブラーフマナには白、クシャトリアには赤だが、ヴァイシャには一部の綱要書では黄色が（*Āśvalāyana Gṛhyasūtra*, 2, 8, 8）指定され、その他では依然として黒が指定されている（*Gobhila Gṛhyasūtra*, 4, 7, 7; *Khādira Gṛhyasūtra*, 4, 2, 12）。——イラン伝承については、最近の研究 Zaehner, *Zurvan*, 1955, pp.118-125（『大ブンダヒシュン』と『デーンカルド』のテキストについては、pp.321-336, 374-378）を見よ。——ヒッタイト儀礼については、Basanoff, *Euocatio*, 1947, pp.141-150を見よ。

二一　Dumézil, *RIER*, ch. III（《Albati, russati, uirides》); ch. IV（《Vexillum caeruleum》); J. de Vries, 《Rood, wit, zwart》, *Volkskunde*, 2, 1942, pp.1-10.

二二　Molé, 《Le partage du monde dans la tradition des Iraniens》, *JA*, 240, 1952, pp.456-458.

二三　Dumézil, 《Les trois fonctions dans quelques traditions grecques》, *Éventail de l'histoire vivante* (=*Mél. L. Febvre*), I, 1954, pp.25-32〔松村一男訳「ギリシア神話の構造」、『ユリイカ』（青土社）、一九七八年一〇月号、二一〇—二一九頁〕では、同じ観点からヘロドトスの伝える「クロイソスの言葉《ロゴス》」やミダスやシレノスの寓話のある種のものも分析されている〔*L'oubli de l'homme et l'honneur des dieux*, pp.50-70も参照のこと〕。L. Gerschel, 《Sur un schème trifonctionnel dans une famille de légendes germaniques》, *RHR*, 150, 1956, pp. 55-92では、関連を有する二タイプの伝説が検討されている。一方では一人が三つの「機能を帯びた申し出」のなかから選択を行なう（たとえば、本文中に引用の「ヨーデル」の起源）。もう一方では、三人兄弟がそれぞれ価値が異なり、また機能を担っている三つの贈物を分け合うが、第一機能の贈物が最もすぐれているのが明らかになるというものである（たとえば、この種の伝説の良い例が、Ch. Prévot d'Arlincourt, *Le Pèlerin*, III, 1842, pp.268-291に見られる）〔ゲルシェル論文の要約が *ME* I^{2}, pp.597-601 にある」。

二四　L. Gerschel, 《Structures augurales et tripartition fonctionnelle dans l'a pensée de l'ancienne Rome》, *JP*, 1952, pp.47-77. ローマの鳥占官《アウグル》のある種の観念と行為の示す驚くべき太古性と印欧語族的性格（augur という語は、印欧語起源）は、いくつかの論文で明らかにされた。《L'inscription archaïque du Forum et Cicéron, *De diuin.*, II, 36》, *RSR*, pp.39-40（=*Mél. J. Lebreton*, I）, 1951, pp.17-29. これをさらに発展させたものとして、《Le *iuges auspicium* et les incongruités du taureau attelé de Mudgala》, *NC*, 5, 1953, pp.249-266; *Rituels*, ch. II（《Aedes rotunda Vestae》）;《Les trois premières *regiones caeli* de Martianus Capella》, *Coll. Latomus*, XXIII（=*Homm. à M. Niedermann*）, 1956, pp.102-107. augur という語自体とその印欧語的先史については、《Remarques sur *augur, augustus*》, *REL*, 35, 1957, pp.126-151.〔=*IR*, pp.79-102〕を見よ。

二五　*Aspects*, pp.63-101（《Les trois péchés du guerrier》）〔*ME II*; *Heur*, 2è ed., pp.71-131 を必ず参照。かなりの修正が行なわれている〕。L. Gerschel, 《Coriolan》, *Éventail de l'Histoire vivante*（=*Mél. L. Febvre*）, II, 1954, pp.33-40 は、なお価値がある。敵軍の先頭に立って、ローマの前で戦陣を張るコリオラヌスは、使者として来た戦友たちを斥け、ついで聖なるしるしを帯び、祭具を持った祭司団の一群も斥けるが、彼の母と妻に率いられた、子供——ローマの「芽ぐむ部分」——を連れたローマのすべての婦人たちという第三の使者たちの前では、遂に撤退する〔*ME III*, pp.239-262 も参照〕。

二六　三機能に対する王の位置の関係の多様さについては、《Le *rex* et les *flamines maiores*》, *The Sacral Kingship/La regalità sacra* (Spplement to *Numen*, IV), E. J. Brill, 1959, pp.407-417 を見よ。三機能の観点から見たゲルマンの王については、J. de Vries, 《Das Königtum bei den Germanen》, *Saeculum*, 7, 1956, pp.289-309 を見よ。

第二章

一　宗教学者は、たとえ彼が研究しているのがその一部にすぎないとしても、神学的構造の存在を認識し、それを見失ってはならない。この点については、*L'héritage*, ch. 1, (《Matière, objet et moyens de l'étude》)――方法論的問題については、私としては決定的なものである――と *DIE*, ch. II (《Structure et chronologie》) を見よ。

二―三　太古的一群「ミトラ－ヴァルナ、インドラ、ナーサティア」の認知、そしてこの一群が現われる状況例の蒐集は、以下の研究のなかで次第に進められてきた。*JMQ*, pp.59-60; *NA*, pp.41-52; *Tarpeia*, 1947, pp.45-56（この構造に基づいた『リグ・ヴェーダ』の六讃歌の詳細な分析が行なわれている）;《Mitra-Varuṇa, Indra, les Nāsatya comme patrons des trois fonctions cosmiques sociales》, *Studia Linguistica*, 2, 1948, pp.121-129; *JMQ IV*, pp.13-35（《Les dieux patorons des trois fonctions dans le Ṛg Veda et dans l'Atharva Veda》）、最後の二つの論考では、神々の三グループへの分化、《Āditya, Rudra, Vasu》が同じ観点から解釈されている（*DIE*, pp.7-9 参照）。

四　*NA* の第一章（《Les dieux Arya de Mitani》, pp.15-55）では、従来の解釈の検討と新しい解釈の提示が行なわれている。ミタンニのアーリア人のインド的性格は、「一」という数の形態から見て、確かと思われる（aika. サンスクリット語は eka だが、これに対し原イラン語は*aiva である）。また P. E. Dumont は、知られている人物名のすべてをヴェーダ語で解釈するのに何らの困難も感じていない（*JAOS*, 67, 1947, pp. 251-253）。しかし G. Widengren は、固有名詞やヴァルナの名の（ボガツキョイの条約文中での）異形《ヴァリアント》 u-ru-wa-na には、この言語とイラン語を結ぶ音韻的事実が見られる点を強調している。*Numen*, 2, 1955, pp.80-81 と n. 167, 170.〔*DSIE*, pp.23-26 も参照〕。

五　*DIE*, pp.11-14. カッシート〔前二千年期にバビロニアを占領したインド・イラン人の一派、特徴的な動物意匠を持つルリスタン文化を形成〕のある青銅板のなかの一群の像は、上段にミトラとヴァルナ、中段にインドラ（あるいはヴァーユか）、下段に『リグ・ヴェーダ』で知られている奇蹟的治癒の場面中のナーサティア双神を表わしていると解釈されている。《Dieux cassites et dieux védiques, à propos d'un bronze du Louristan》, *RHA*, 52, 1950, pp.18-37. 私は近い将来、より鮮明な写真板（「ミトラとヴァルナ」の外見と徴章は別なふうに説明されねばならない。そこにあるのは祭壇ではなく、ライオンの頭の形をした壺である）と「双神」に関する他の文書に基づいて、この問題を再考するつもりである。

六―九　Amaša Spənta の説明は、*NA*, chap. II-V で行なった。そのときには説明困難と思えた第四位の存在 Ārmaiti は、その後 *Tarpeia*, ch. I において解明された。この解釈は、J. de Menasce《Une légende indo-iranienne dans l'angélologie judéo-musulmane: à propos de Hārūt-Mārūt》, *Études Asiatiques* (suisses), I, 1947, pp.10-18; J. Duchesne-Guillemin, *Zoroastre*, 1948, pp.47-80; *Ormazd et Ahriman*, 1953, p.23; *The Western Response to Zoroaster*, 1958, pp, 38-51（とくに pp.45-46 の I. Gerschevitch と W. Lentz に対する反論を見よ）; S. Wikander（以下の第三章一三節の注を見よ）; J. C. Tavadia,《From Aryan Mythology to Zoroastrian Theology, a Review of Dumezil's Researches》, *ZDMG*, 103, 1953, pp.344-353; K. Barr, *Avesta*, 1954, pp.52-59, 197; G. Widengren《Stand und Aufgaben der iranischen Religionsgeschichte》, *Numen*, I, 1954, pp.22-26; S. Hartman の研究、とくに《La disposition de l'Avesta》, *Orientalia Suecana*, 5, 1956, pp.30-78 などによって、また、目立たない形では他の主要なイラン学者によっても、容認され、発展させられてきている。これに対し、I. Gerschevitch と W. Lentz は検討することなしにこの解釈を拒絶し、W. B. Henning や R. C. Zaehner などは、彼らの著作中に言及さえしていない。

一〇　こうした手法による分析は、ガーサー（『アヴェスタ』中の最古の部分で、ザラスシュトラ自身の言葉の記録と考えられている）にすでに見られる陪存在スラオシャとアシ（前ゾロアスター教的でヴェーダのアリアマンとバガに相当する神々の昇華されたものと思われる）にも適用され（第三章八節を見よ）、ついでガーサーには見られないラシュヌとフラワシたち（ヴィシュヌとマルト神群に相当する純化された存在と考えられる）にも適用された。《Viṣṇu et les Marut à travers la réforme zoroastrienne》, *JA*, 242, 1953, pp.1-25. 最後にバシュヤンスター（Bušyąstā. 曙女神の魔神化と考えられる）については、*DLMV*, pp.34-37.

一一　*DIE*, pp.22-23.

一二　最も激しい批判を行なったのは、宗教進化論の立場を採るラテン学者たちであった。そのうちH. J. Roseへの反論としては、*RHR*, 133, (1948), pp.241-243; *DLMV*, pp.118-123を見よ。われわれに批判的なゲルマン学者は、概して「不可知論者」の立場を採るようである。しかし私は近年K. Helmと気持ちのよい——はじめてのこと——論争を行なった。*BGDSL*, 77, 1955, pp.347-365; 78, 1956, pp.173-180. 私の「批判への応答」は、私の著作の序文、注、付論の形であちこちに記してある。最も近年のもので、一般的性格を有するのが、《Examen de critiques récentes, John Brough, 1; Angelo Brelich》, *RHR*, 152, 1957, pp.8-30である〔批判に対するデュメジルの応答の一欄——ただしすべてではない——が、*L'oubli de l'homme et l'honneur des dieux*, p.316にある。また同書pp.257-335も批判者（R. I. Page, A. Momigliano）への応答である。最新のものは、*AESC*, 1985, n° 5, pp.985-989（Carlo Ginzburgに対して）〕。

一三　クゥイリヌスについて論難するラテン学者は、通常ウォフィオヌスを見落としている。この神を考慮するなら、彼らの自由奔放な仮説は大きな限定を受ける。ウンブリアの三神群については、《Remarques sur les dieux *Grabovio-* d'Iguvium》, *RP*, 28, 1954, pp.225-234;《Notes sur le début du rituel d'Iguvium》, *RHR*, 147, 1955, pp.265-267〔=*IR*, pp.167-178〕を見よ〔*Marriges Indo-Européens*, pp.123-148も参照〕。ローマの三神群は、印欧語族の三機能神学に関して、一九四一年から一九四八年に刊行された諸研究に共通の題名としてふさわしいものと思われた〔*Jupiter, Mars, Quirinus*〕。

一四　この解釈は、《La préhistoire des flamines majeurs》, *RHR*, 118, 1938, pp.188-200としてはじめて提示されたが〔=*IR*, pp. 156-166〕、これはそれ以降のすべての研究の基礎となり、その上に*JMQ*, ch. II, III

や*NR*が形成された。要約として、*L'héritage*, pp.72-101.

一五　「農耕神マルス」という説への反駁として、とくに*NR*, pp.38-71; *RIER*, pp.78-80〔; *RRA*^{2}, pp.215-256〕を見よ。主権神ユピテルについては、*NR*, pp.71-76〔; *RRA*^{2}, pp.186-214〕を見よ。ヤヌス（すべての始ま《プリマ》りを司る始源神《プリマ》）をユピテル（至高神《スンマ》）の「先任者」や写し《ドゥブル》などと考えないよう注意しなければならない。*DIE*, pp.91-102;《Jupiter-Mars-Quirinus et Janus》, *RHR*, 138, 1951, pp.209-210. インド・イラン的「始源《プリマ》の神々」については、*Tarpeia*, pp.66-96.

一六　クゥイリヌスの複雑さについての解釈は、三つの時期にわたって形成されてきた。1) *JMQ*, pp.72-77, 84-94, 143-148, 182-187; 2) *NR*, pp.194-221; *Tarpeia*, pp.176-179; 3) *JMQ IV*, pp.155-170（とくにpp.167, 169とn. 2, 170）〔; *RRA*^{2}, pp.257-282〕。またL. Gerschel,《Saliens de Mars et Saliens de Quirinus》, *RHR*, 138, 1950, pp.145-151も見よ。この神に関して私は多くの論争を行なった。代表的なものとして、《La triade Jupiter-Mars-Janus?》, *RHR*, 132, 1946, pp.115-123（V. Basanoffと）; *REL*, 31, 1953, pp.189-190（C. Kochと）;《A propos de Quirinus》, *REL*, 33, 1955, pp.105-108（J. Paoliと）;《Remarques sur les armes des dieux de troisième fonction》, *SMSR*, 28, 1957, pp.1-10（A. Brelichと）。一般的にいって、どの新しい論争者もそれ以前の論争での私の応答を考慮にいれていない。J. Bayet, *Histoire psychologique et historique de la religion romaine*, 1958, p.118（やはり、ウンブリアの三神群、ユピテル、マルス、ウォフィオヌスを考慮せずにローマの三神群*JMQ*を論じている）の場合もそうである。ロムルスとクゥイリヌスの同一視について第三章二四節で示した新見解は、この問題により深い意義と従来一般に考えられていたのより一層古い年代とを与えるものである（すでに《La bataille de Sentinum, remarques sur la fabrication de l'histoire romaine》, *AESC*, 7, 1952, pp.145-154〔=*IR*, pp.179-192〕にも発表）。ウォフィオヌスの語源に関する諸説については、*RP*, 28, 1954, p.225, n. 4, p.226, n. 1〔=*IR*, p.168, n. 2, p.169, n. 1〕を見よ。*leudhyono- に由来するとの説は、Pisani,《Mytho-etymologica》, *Rev. des Études Indo-*

Européennes (Bucarest), 1, 1938, pp.230-233; Benveniste, 《Symbolisme social dans les cultes gréco-italiques》, *RHR*, 129, 1945, pp.7-9 による。

一七　この点と関連するのが、ローマの起源時にサビニ人要素が存在したか、しなかったかという問題である。われわれの観点は歴史的事実にかかわるのではなく、イデオロギーにかかわる以上、この問題は二次的にすぎない。さらに、存在したとしても、起源伝説の機能からの解釈をいささかも妨げるものではない。（まったく当たり前のことだが）実際の事件が伝統的で以前からあった叙事詩的なイデオロギーの枠組のなかで「再考」されて述べられたとすればよいだけである。しかしわれわれが行なっている統一的・構造的な解釈が、多くの困難な問題を含んでいる起源時における二民族の合流というテーゼの歴史的妥当性を支持するものではないのも、また明らかなことである。*L'héritage*, pp.179-181 は、この問題について主として、当時の研究を規定していた A. Piganiol, *Essai sur les origines de Rome* (1915) のテーゼに応える形で書かれた *NR*, chap. III（《Latins et Sabins, histoire et mythe》の長い論考を要約したものである。この論考〔*NR*〕からの一四年のあいだに、私はローマの起源時にサビニ人がいたとする多くの熱心で傲慢で怒りに満ちた肯定説を読んだ。しかし私は、これまで論じられたことがなく、肯定・否定のバランスを決定的に肯定に傾けるようないかなる考古学的事実にも出会わなかった。*JMQ IV*, p.182（「地政学」という異質な学問を頼まんとする議論について）と *REL*, 33, 1955, pp.105-107（J. Paoli がウンブリアの三神群から抽出する奇妙な議論について）を参照。個人的には、私は Th. Mommsen が一八八六年にローマ人－サビニ人の融合の伝説について書いた論文《Tatiuslegende》（彼の *Gesamm. Schr.*, IV, 1906, pp.22-35 に再録）中で示した解釈を大筋において満足すべきものと見なしている。なお F. Villard は、《Céramiques des premiers siècles de Rome, VIIIe-Ve siècles》と題され、*Comptes Rendus de l'Académie des Inscriptions*, 1950, pp.287-295 中で言及されている覚え書で、前八世紀ローマの人口の均質性を主張している〔*RRA*^{2}, pp.76-93 参照〕。

一八　ロムルスの「神」ユピテルとティトゥス・タティウスの「神々」については、*JMQ*, pp.144-146（ウァロの引用中の Vedio Ioui は Vedioui の誤り）を見よ。「ユピテル、マルス、オプス」の三神群については、《Les cultes de la *Regia*, les trois fonction et la triade *JMQ*》, *Latomus*, 13, 1954, pp.129-139 を見よ。「ユピテル、マルス、フローラ（またはウェヌス）」の三神群については、*RIER*, p.54, p.60, n. 37-40 を見よ。ロムルスとレムスがヴェーダのナーサティアと対応する点については、第三章二四節を見よ。さらにマルティアヌス・カペルラ〔五世紀のアフリカ生まれのローマ人学者〕における三機能と「ＪＭＱ」三神群の活用については、《Remarques sur les trois premières *regiones caeli* de Martianus Capella》, *Coll. Latomus*, XXIII (=*Homm. à M. Niedermann*), 1956, pp.102-107 に論じてある。

一九―二〇　J. de Vries は独自の研究によって、ゲルマン宗教の構造的理解に到達していた。一九三九年に *MDG* が出版されたとき、彼は私の見解と彼の見解の関連性やわれわれの議論の相互補完性を看取した。そのとき以来、たとえ細部については意見の相違はあっても、主要な問題についてはわれわれの意見は一致していると私は信じている。彼の明解で客観的で包括的な著書 *Altgermanische Religionsgeshichte*, 2e éd., I-II, 1956-1957 および論文、《Der heutige Stand der germanischen Religionsforschung》, *Germ.-Roman. Monatsschrift*, N. F., 2, 1951, pp.1-11;《L'état actuel des études sur la religion germanique》, *Diogène*, 18, avril 1957, pp.1-16 を御覧戴きたい。ここで取り上げた問題に関係する論文としては、他に以下のものがある。《La valeur religieuse du mot *irmin*》, *Cahiers du Sud*, n° 314, 1952, pp.18-27;《Die Götterwohnungen in den Grímnismál》, *Acta Philol. Scand.*, 1952, pp.172-180;《La toponymie et l'histoire des religions》, *RHR*, 146, 1954, pp.207-230;《Über das Wort *Jarl* und seine Verwandten》, *NC*, VI, 1954, pp.461-469. また論集 *Deutsche Philologie im Aufriss*, München, 1957 には、Werner Betz による項《Dia altgermanische Religion》(col. 2467-2556) があり、私の提案した枠組に従って再考された独自のすぐれた論述が、ゲルマン人の異教――主として北欧の――について行なわれている。E. Polomé も

この枠組を用いて研究を進めている。《L'étymologie du terme germanique *ansuz, dieu souverain》, *Études Germaniques*, 1953, pp.36-44; 《La religion germanique primitive, reflet d'une structure sociale》, *Le Flambeau*, 1954, 4, pp.437-463. 私の著作 *MDG* は幸運なことに現在絶版となっている。同書は私の印欧語族三区分の研究の開始直後に出版されたもので、全体像をとらえるはじめての試みでも、そのための計画表でもあった。その多くの部分は仮説であり、その一部は後に証明され、また一部は否定された。私は全面的に書き改めた第二版を近々上梓の予定である〔＝*DG*〕――残念ながら本書では大陸ゲルマン人の神学を扱うことはできない（しかしタキトゥス『ゲルマーニア』九章ではメルクリウスとマルス、ヘルクレス、「イシス」のように、三段階がはっきりとしている）。*DIE*, pp.28-26 を見よ。オーディンについては、多義的なインドの神ルドラとのきわめて重要な比較（R. Otto. 1932）が付け加えられねばならない。J. da Vries, *op. cit.*, II, §405 を見よ〔*DG*（邦訳『ゲルマン人の神々』）; *DSIE*, pp.183-203 参照〕。

二一　アース神族とヴァン神族の戦争とロムルスに率いられたラテン人とサビニ人の戦いとの比較については、*JMQ*, ch. V; *Tarpeia*, pp.247-291 を見よ。私はそれらにおいて、E. Mogk, *FFC*, 58, 1924 が提唱した『巫女の予言』二一―二四を「宗教戦争」とする解釈に長い論駁を行なっておいた。この問題全般については、*L'héritage*, pp.125-142〔『ゲルマン人の神々』第一章〕。

二三　パリスの審判については、上記第一章二三節を見よ。カエサルの伝えるガリアの神々やそれらのアイルランドでの対応神、またそれらの（きわめて変化はしているが）三区分との関係について、*MDG*, p.9; *NR*, pp.22-27; P.-M. Duval, *Les dieux de la Gaule*, 1957, pp.4, 19-21, 31-33, 94 を見よ。〔ケルト宗教の三機能からの分析として、A. Rees and B. Rees, *Celtic Heritage*, 1961; J. de Vries, *Keltische Religion*, 1961 も参照〕。R. Jacobson はスラヴの神々についてのわずかな記録を三機能の枠組で分析しようと試みた。art. 《Slavic Mythology》, *Funk and Wagnalls Standard Dictionary of Folklore*, II, 1950, pp.1025-1028. 古代バルト人の異教については、いつの日かもっと大きな成果があがるであろう。〔M. Gimbutas, 《Ancient

Slavic Religion》, *To Honor R. Jacobson*, I, 1967, pp.738-759; J. Puhvel, 《Indo-European structure of the Baltic pantheon》, *Analecta Indoeuropaea*, 1981, pp.225-235; Greimas, *Des dieux et des hommes: Études de mythologie lituanienne*, 1985 も参照〕。

二四　パンアテナイア祭におけるアテナの三重の称号については、F. Vian, *La guerre des géants, le mythe avant l'époque hellénistique*, 1952, pp.257-258 を見よ。

二五　Sarasvatī-Anāhitā-Ārmaiti とアナーヒターの三重の名前については、*Tarpeia*, pp.56-66 を見よ。H. Lommel はサラスヴァティーとアナーヒターの対応を独自に発見し、*Festschr. F. Weller*, 1954, pp.405-413 に発表した。ラテン、アイルランド、ゲルマンにおける諸例については、《Iuno S. M. R》, *Eranos*, 52, 1954, pp.105-119〔*RRA*^{2}, pp.304-310 に要約〕;《Le trio des Macha》, *RHR*, 146, 1954, pp.5-17〔改訂版が *ME I*^{2}, pp.601-612 に所収〕を見よ。

第三章

二　主権の二極構造が *MV* の主題であり、*NA*, ch. III ではイランの場合（Vohu Manah と Aša）の検討が行なわれた。後者に関する W. Lentz, 《*Yasna 28*》, *Abh. Ak. Wiss. u. Lit. Mainz*, 1954, p.963 の批判は的外れである。ミトラとヴァルナに関してヴェーダの詩人たちがそうであったように、ガーサーの詩人たちも、あらゆる場合、少なく見積ってもほとんどの場合に、ウォフ・マナフとアシャの性格の差を描き分ける心遣いなどは持ち合わせていなかった。たしかに「ヤスナ」二八は各々の節で二存在を同時に枚挙しているが、それは『リグ・ヴェーダ』五・六九が二神をあえて区別することなく各々の節で同時に枚挙しているのとまったく同様なのである。ウォフ・マナフについては、G. Widengren, *The great Vohu Manah and the Apostle of God*, 1945 を見よ。新しい観点から見た Miθra と Ahura Mazdā については、*MV*, ch. V, §v（ただし Widengren, *Numen*, I, 1954, p.46, n. 148 によって修正する必要がある）; J. Duchesne-Guillemin,

Zoroastre, 1948, pp.87-93; S. Wikander, *Orientalia Suecana*, 1, 1952, pp.66-68（プルタルコスのMesoromazdēs について）を見よ。H. Lüders, *Varuna*, I (*Varuna und die Wasser*), 1951 が強調する、ヴェーダにすでに見られるヴァルナと海との重要な親縁性については、比較の枠組から後日分析したい〔*DSIE*, ch. I, III を参照〕。

三　*MV*, ch. IV.〔*DSIE*, ch. IV を参照〕。

四　*MV*, ch. VII. J. de Vries, *Altgerm. Rel.-Gesch.*, II², 1957, §§409-412; W. Betz（上記第二章一九―二〇節への注），《Die altgerm. Religion》, col. 2485-2498. も見よ。〔『ゲルマン人の神々』第二章；*DSIE*, ch. 5 参照〕

五　*Le troisième souvrain, essai sur le dieu indo-iranien Aryaman*, 1949; *DIE*, pp.40-59. Āditya 神群の母であり、しかもその一人の「母にして娘」であるAditi については、*DLMV*, ch. III を見よ。P. Thieme は、私が彼の ari の解釈（一九三八）について行なった修正の提案（あらゆる「異人（Fremdling）」なのではなく、味方であれ競争相手であれ、すでにアーリア世界の集団または一員という、国民性の色合いを帯びていた）に対し、*ZDMG*, 117, 1957, pp.96-104 において、この修正の当然の文脈である私のアリアマンに関する著作を一度も論ずることなく、それを拒絶し戯化するという「放れ業《トゥール・ド・フォルス》」を演じてみせ、私が総合的、直観的などの方法の何であるかを知らないかのごとく見せかけた。しかしそれは誤っている。私のアリアマンに関する研究は、彼の言及しているヴェーダのテキストのすべてについての詳細な分析によって進められたものである。私はこの奇怪な返答について近く*JA* で吟味を行なうが〔《*Ari, Aryaman*, à propos de Paul Thieme, ari, 《Fremder》》, *JA*, 246, 1958, pp.67-84〕、私としては、P・ティーメが現在準備中と伝えられる「ミトラとアリアマン」に関する研究において、もう少し「紳士的」であるよう望みたい〔デュメジルが本書校正中に Thieme, *Mitra and Aryaman*, 1957 が出版され、デュメジルはそれに対する反論として、本書に付論《Aryaman et Paul Thieme》pp.108-118 を付した。なおデュメジルの *Le troisième* *souverain* のうち ari に関する pp.101-127 は、*DSIE*, pp.233-251 に再録されている〕。

六 *Le troisième souverain* を要約した *DIE*, pp.50-51.

七 *DIE*, pp.51-52. Dakṣa と Aṃśa という二柱の Āditya については、*ibid.*, pp.55-58.

八 *DIE*, pp.59-67; K. Barr, *Avesta*, 1954, pp.184, 185, 193, 215.

九 *DIE*, pp, 68-75. Juuentas との驚くほどの対応がケルト世界に認められる。ユウェタスは最良最高のユピテルに対してカピトリウム丘を譲るのを拒否し、ユピテルは彼女に自分の神殿内にとどまるのを許さざるをえなくなるが、それと同様に、古くからの若さの守護神であるアイルランドの Mac Óc（「若い息子」）は、老いた主権神ダグダの丘に入り込み、ダグダに「一昼夜」そこにいるのを認めさせ、その後、時間はすべて昼と夜から成っていると論じて、出ていくのを拒否し、その場所の主としてとどまるのである（《Junesse, éternité, aube》, *Annales d'histoire économique et sociale*, 1928, pp.289-301）。

一〇 *DIE*, pp.76-77.

一一 *Aspects* の序文を見よ。

一二 インドや北欧の神話と比較された際にローマの起源についての擬‐歴史の果たす役割の大きさを、私はかなり初期から認めていた。*JMQ*, ch. V; *CH*, pp.65-70; *SF*, pp.112-119. 要約は *L'héritage*, ch. III; 《Mythes romains》, *Revue de Paris*, déc. 1951, pp.105-118. 歴史化された古来の神話の決定的な物語化が行なわれた時代（途中に挿入された時代錯誤の要素から判断して、前三五〇―前二八〇年のあいだであるのは間違いない）については、*L'héritage*, p.181, n. 49 を見よ。

一三 『マハーバーラタ』の構想の解釈は、ウィカンデルの画期的論文《Pāṇḍava-sagan och Mahābhāratas mytiska förutsättningar》, *Religion och Bibel*, 6, 1947, pp.27-39 によって与えられた。この論文の主要部分は、私の注釈とともに *JMQ IV*, pp.37-85 に翻訳されている。〔*ME I*^{2}, pp.33-257 参照〕。Wikander, 《Sur le fonds commun indo-iranien des épopées de la Perse et de l'Inde》, *NC*, 7, 1950, pp.310-329 も参照。ゲ

ルマンの領域における同様の例（神話のNjörðr の Hadingus への転移）は、*La saga de Hadingus* で論じた〔＝*MR*〕。本書の印刷中にWikander,《Nakula et Sahadeva》, *Orientalia Suecana*〔6, pp.66-96〕が出され、双児神と叙事詩の双児の分析を大きく推進した（第三章二四節参照）。

一四　Vāyu-Indra については、《Pāṇḍava-sagan...》, pp.33-36 を見よ。また H. S. Nyberg, *Die Religionen des alten Iran*, 1938, pp.75, 300, 317; G. Widengren, *Hochgottglaube im alten Iran*, 1938, pp.188-215; S. Wikander, *Vayu*, I, 1941 などの成果を基に、V.I. Abaev はオセット語で「巨人」（強者、悪意者、野獣）を表わす種属名 Wäjug のなかに、インド・イラン的*Vayu 神を認めた（*Vayu-ka- に由来）（*Trudy Instituta Jazykoznanija*, 6, 1956, pp.450-457）。この論文への私のコメントは、《Noms mythiques indo-iraniens dans le folklore des Osses》, *JA*, 244, 1957, pp.349-352.

一五　*Aspects*, pp.9, 70, 80.〔*ME II*, pp.17-132; *Heur*^{2} も参照〕。

一六　*JMQ IV*, p.56.

一七　《Pāṇḍava-sagan...》, p.36; *JMQ IV*, pp.59-60, 67-68.

一八　ヴァルナの変容としての Pāṇḍu については、*JMQ IV*, pp.77-80. ヴェーダ神話（インドラと太陽神の決闘、太陽神の戦車の車輪が「破壊される」）の変容は、太陽神の息子でパーンダヴァの同母異父の兄にして敵である――太陽神も三機能の神々と敵対関係にある――カルナの死の物語に認められる。《Karṇa et les Pāṇḍava》, *Orientalia Suecana*, 3（＝*Donum natal. H. S. Nyberg*）, 1954, pp.60-66. もう一つの変容（インドラに仕えるヴィシュヌの歩み）については、《Les pas de Kṛṣṇa et l'exploit d'Arjuna》, *Orient. Suec.*, 5, 1956, pp.183-188 に述べ、他の二つ（小主権神アリアマンとバガの Vidura と Dhṛtarāṣṭra への変容）については、《La transposition des dieux souverains mineurs en héros dans le *Mahābharata*》, *IIJ*, 3, 1959, pp.1-16 に述べた。Bhīṣma については将来、同じ観点から考察を加えたい〔*ME I*^{2}, pp.176-190 で、Dyu の叙事詩化とされた〕。

一九　共和政の始まりについてのローマの伝説には、北欧神話の片目の神と片腕の神、すなわち二主権神のÓðinnとTýr、にその身体損傷の形態においても意義においても対応する二人の英雄が登場する。Horatius Cocles（「一つ眼《キュクロプス》」）とMucius Scaeuola（「左手者」）という、ポルセンナに対する戦いにおける二人のローマの救世主がそれである。この比較は、*MV*, ch. IXで発展させられ、その後も何度か取り上げられたが、とくに*L'héritage*, pp.159-169; *Loki*, pp.91-97を見よ。〔《*Le Borgne* and *Le Manchot*: The State of the Problem》, in G. Larson, C. Scott Littleton, and Jaan Puhvel (eds.), *Myth in Indo-European Antiquity*, 1974, pp.17-28も参照〕。ゾロアスター教での神々の陪存在への転移という「修正」にも匹敵する、ローマの伝統のキケロの*De Republica*での注目すべき「修正」については、《Les archanges de Zoroastre et les rois romains de Cicéron》, *JP*, 43, 1950, pp.449-463〔=*IR*,pp.195-207〕で述べた。

二〇　ロムルスとヌマについては、*MV*, ch. II; *L'héritage*, pp.146-154〔; *DSIE*, pp.159-166〕を見よ。

二一　*Horace et les Curiaces*, 1942, pp.79-88; *L'héritage*, pp.154-156.

二二　*Aspects*, pp.15-16:《La geste de Tullus Hostilius et les mythes d'Indra》〔一部改訂して、*Heur*[2], pp.15-67〕。同書pp.3-14の、協力者がいるにもかかわらず、「孤独」(eka-)で「自律」(sva-)したヴェーダのインドラに関する研究も参照。第二機能の比較研究のための文献は*DIE*, pp.38-49に掲げたが、これには*Aspects*, p.1のものを追加のこと。

二四　双子ロムルスとレムスのインド・イラン的ナーサティア双神との対応については、G. Widengren,《Harlekintracht...》, *Orientalia Suecana*, 2, 1953, pp.96-97; *Aspects*, pp.20-21を見よ。一九五一—五二年に準備したローマの双児に関するこの解釈を述べた著書を私はまだ発表しておらず、一部のみが《Le *curtus equos* de la fête de Pales et la mutilation de la jument Viśpalā》, *Eranos*, 54＝*G. Björck mem. sacrum*), 1956, pp.232-245の形で発表されたのみである〔この論文については、*IR*, pp.273-287も参照〕。印欧語諸民族における双子の神々、英雄に見られる他の対応については、*La saga de Hadingus*, pp.114-

130, 151-154〔=*MR*. pp.115-120, 140-142〕を見よ〔D. Ward, *The Divine Twins*, 1968; D. Frame, *The Myth of Return in Early Greek Epic*, 1978, pp.125-152 も参照〕。ギリシアのディオスクロイは、部分的にしか対応を示していない。第三機能の他の側面（多くの人口、富や商業の増大、快楽）は、戦士王トゥルルスの後を継いだローマ第四代の王アンクス・マルキウスの物語を生む契機となったと思われる。*Tarpeia*, ch. III（《Jactantior Ancus》）; *JMQ IV*, pp.185-186 における J. Bayet への返答（方法上の重要な問題が触れられている）を見よ。

二六　神格。「始源神」については、《De Janus à Vesta》, *Tarpeia*, pp.31-113; *DIE*, pp.84-105 を見よ。*RIER*, pp.33-39 ではヴェスタの祭儀と Vivasvat についてのヴェーダ神話のあいだにある一致が明らかになった。*DLMV* ではインドの記録が Mater Matura についての記述を解明し、その正しさを証明した（Uṣas 参照。また L. Renou, *EVP*, III, 1957, 1: *Les Hymnes à l'Aurore du Ṛgveda*, pp.1-104, とくに pp.8-9, 10, 65 を見よ）。また同様に、冬至の angusti dies〔「短い日」〕の女神である無口な Diua Angerona（太陽の衰えを沈黙の祈りによって活性化する Atri 参照）や、ユピテルの母にして娘である Praeneste〔Latium の町。現在の Palestrina〕の Fortuna Primigenia（主権者 Dakṣa の母にして娘である Aditi 参照）についても明らかにできた。――儀礼。《Suouetaurilia》, *Tarpeia*, pp.115-158 では、マルスに捧げるこの三重の供犠とインドの Sautrāmaṇī（「良き守護者」インドラに捧げる牡牛、牡羊、牡山羊の供犠）との密接な対応を明らかにした。*RIER*, pp.11-25（および上記第一章二一節）では、ヴェーダ供犠の「八つ足の雌牛」によって、Fordicidia が祭儀の細部にいたるまで解明された〔*RRA*^{2}, pp.376-378 に要約〕。ウェスタの円形聖所と四方を指す四角の神殿（templa quadrata）の対比は、ヴェーダの供犠地における円形の火（保管と点火の火、「家長の火」、大地と結びつく）と四角の火（人の供物を神々にもたらす）の対比に関連づけられた〔*RIER*, ch. II; *RRA*^{2}, pp.318-322 に要約〕。機能的三水準のそれぞれと馬を中心とする馬科の動物のさまざまな儀礼との関係は、ローマとヴェーダ期インドでは同一であったことが確認された〔*RIER*, ch. III, V; *RRA*^{2}, pp.225-239 に要約。この他に、*FR*,pp.115-156, 161-165, 181-219; J. Puhvel, *Analecta Indoeuropaea*, 1981. pp.4-5, 184-197 も参照。最後に掲げたものは、プーヴェル「馬の神話的機能」、堀美佐子訳、『現代思想』一九七六年六月号として邦訳されている〕。《Quaestiunculae Indo-italicae, 1-3》, *REL*, 36, 1958, pp.112-131 では、Parilia〔四月二一日の Pales 女神の祭〕の煙による潔めに用いられた culmen inane fabae〔「豆の空茎」〕や Volcanalia〔八月二三日の Volcanus 神の祭〕で火中に投ぜられた pisciculi uiui〔「生きた小魚」〕や Equus October〔十月十日の Mars 神の祭〕の bigarum uitricum dexterior〔「競争に勝った二頭立て戦車の右側（の馬）」〕の規定が、ヴェーダの記述から解明された〔パレス、パリリアについては、*IR*, pp.273-287; *RRA*², pp.385-389. ウォルカナリアについては、*RRA*², pp.326-328. エクウス・オクトベルについては、前述の馬の部分を参照〕——祭司階級。flamen-brahman については、上記第一章一節への注。この他、《*Meretrices* et *uirgines* dans quelques legendes politiques de Rome et des peuples celtiques》, *Ogam*, 6, 1954, pp.3-8;《Remarques sur le *ius fetiale*》, *REL*, 34, 1956, pp.93-113〔=*IR*, pp.60-78〕;《Remarques sur *augur, augustus*》, *REL*, 35, pp.126-151〔=*IR*, pp.79-102〕.——観念。《A propos de latin *ius*》, *RHR*, 134, 1947-48, pp.95-112〔=*IR*, pp,31-45〕;《Ordre, fantaisie, changement dans les pensées archaïques de l'Inde et de Rome, à propos de latin *mos*》, *REL*, 32, 1954, pp.139-160.《*Maiestas* et *grauitas*, de quelques différences entre les Romains et les Austronésiens》, *RP*, 26, 1952, pp.7-28; 28, 1954, pp.9-18〔=*IR*, pp.125-152〕では、「未開宗教学派」の立場に反対し、これら二つの観念がローマに固有のものであることを明らかにした。gratus〔気に入りの〕、gratia〔優美〕が、ヴェーダ語の語根 gur-〔挨拶する〕（『リグ・ヴェーダ』八・七〇・五）によって見事に説明される点については、L. R. Palmer, 《The Concept of Social Obligation in Indo-European》, *Coll. Latomus*, XXIII（=*Homm. à M. Niedermann*）, 1956, pp.258-269 を見よ。E. Benveniste は比較研究によって宗教的、社会的観念を数多く分析したがとくに以下のものを見よ。《Symbolisme social dans les cultes greco-italiques》, *RHR*, 129,

1945, pp.5-16（*RIER*, p.95 における重要な事実の確認も見よ）;《Don et échange dans le vocabulaire indo-européen》, *L'Année Sociologique*, 1948-49, pp.7-20〔=Benveniste, *Problémes de linguistique générale*, I, 1966, pp.315-326〕;《Formes et sens de *μνάομαι*》, *Sprachgeschichte und Wortbedeutung*（= Festschr. A. Debrunner）, 1954, pp.13-18.

訳者解説　ジョルジュ・デュメジルと印欧語族研究

印欧語族

はじめに本書において研究対象とされている印欧語族（あるいはインド・ヨーロッパ語族、Indo-Europeans）について説明しておきたい。

古代インドのサンスクリット語（梵語）では「父」という語はpitṛであり、ギリシア語ではπατήρ（patēr）、ラテン語ではpater、そして古代ゲルマン人の一部で用いられていたゴート語ではfadar（英語father、ドイツ語Vater参照）である。こうした語形の一致はこれらの言語が共通の源に発していることを示唆する（*patēr）。ゴート語の他語との子音の不一致も、ゲルマン語に固有の音韻変化として説明される（語頭の無声閉鎖音pの無声摩擦音fへの変化は「グリムの法則」に基づく。また他言語のtが「グリムの法則」で予期されるthとならず有声音dとなっているのは、それがアクセントの直前にあったためで、この「グリムの法則」の例外は、「ヴェルナーの法則」と呼ばれる）。こうした対応は、「母」、「姉妹」、「娘」といった親族名称や数詞にとどまらず、きわめて広汎な名詞や動詞におよび、さらには語彙のみならず形態論、統語法にも認められている。

インドからヨーロッパにかけての広い地域の諸語が同一起源に遡るという仮説は、すでに一七八五年にイギリス人ウィリアム・ジョーンズによって提唱され、その後、十九世紀に急速に研究が進み、この語族関係が想定される集団に対して、印欧語族またはインド・ヨーロッパ語族という名称が与えられた（ドイツ語圏ではインド・ゲルマン語族という名称を用いることもある）。現在の段階で印欧語族に属すると考えられている言語あるいは複数の言語を含む語派の主だったものを東から挙げていけば、以下のようになろう。トカラ語、インド・イラン語派（サンスクリット語、その最古形のヴェーダ語、その他のインド諸語、ゾロアスター教の聖典『アヴェスタ』の言語であるアヴェスタ語、古代ペルシア語、中世ペルシア語、そしてその他のイラン諸語（サカ語、オセット語など））、ヒッタイト語、スラヴ語派（古代教会スラヴ語や現在の東欧の諸語）、バルト語派（リトアニア語、ラトヴィア語など）、アルバニア語、アルメニア語、ギリシア語、イタリック語派（ラテン語、オスク語、ウンブリア語など）、ゲルマン語派（ゴート語、古高地ドイツ語、古英語、古代ノルド語など）、ケルト語派（アイルランド語、ウェールズ語、ブルトン語など）。

印欧語族とは、あくまでも言語を共有（といっても方言に分かれていたかも知れない）していたひとびとであり、人種（いわゆる「アーリア人」）を想定することは無意味である。したがって今回の翻訳でも、インド・ヨーロッパ人という人種を思わせる用語は用いず、印欧語族とした。本当ならば小単位である語派や個々の言語の話し手についてもその原則を貫くべき（インド・イラン語族、ラテン語族）なのかも知れないが、それではあまりに煩雑となるので、インド・イラン人、ラテン人のようにした。しかしあくまでも言語の担い手の意味であり、人種的な用法ではない。

印欧語族が上記のような広い地域に拡散する以前にどこに住んでいたかという問題は、長らく論議されてきたが、現在ではロシアのカザフ・キルギス草原地域にその源を有するとするギンブタスの説（彼女はこの地域に特徴的な墳墓——ロシア語でkurgan——から、この文化を「クルガン文化」と呼んでいる）が一般に認められている。彼らは前五千年期から数度にわたって拡散を行なって東西に進出していったらしい。人種的にはどうであれ言語を共有していた以上、印欧語族は文化的要素も共有していたと考えられる。そのなかには神話、儀礼、宗教のみならず世界観や思惟方法も含まれていた可能性がある。デュメジルが本書で問題としているのもまさしくそうした印欧語族の「精神的側面」なのである。*

＊　印欧語族研究の歴史については、風間喜代三『言語学の誕生』岩波新書、一九七八、Pedersen, Holger, *The Discovery of Language: Linguistic Science in the 19th Century*, Harvard Univ. Press 1931（ペデルセン 1974：（伊東只正訳）『言語学史』こびあん書房）参照。印欧語比較文法については、W・B・ロックウッド著、永野芳郎訳『比較言語学入門』大修館書店、一九七六、高津春繁『印欧語比較文法』岩波全書、一九五四、Szemerényi, Oswald, Einführung in der vergleichende Sprachwissenschaft, Darmstadt, 1970 (*Introduction to Indo-European Linguistics*, Oxford Univ. Press, 1999)；Kuryłowicz, Jerzy,

Indogermanische Grammatik II, Akzent・Ablaut, Carl Winter, 1968; Watkins, Calvert, Indogermanische Grammatik I: Geschichte der indogermanischen Verbalflexion, Carl Winter, 1969; Lehman, Winfred P., *Proto-Indo-European Syntax*, Univ. of Texas Press, 1974. Baldi, Philip, *An Introduction to the Indo-European Languages*, Southern Illinois Univ. Press, 1983等参照。考古学的知見については、"Proto-Indo-European Culture: The Kurgan Culture during the Fifth, Fourth, and Third Millenia B.C." in George Cardona et al. ed., *Indo-European and Indo-Europeans*, Univ. of Penn. Press, 1970, pp.155-197をはじめとするマリア・ギンブタス（Marija Gimbutas）の諸論文（*JIES*に多く掲載）を参照。語彙面からの制度・文化研究としては、エミール・バンヴェニスト著、前田耕作監修、蔵持不三也他訳『インド・ヨーロッパ諸制度語彙集』I―II、言叢社、一九八六、シュラーダー著、風間喜代三訳『インド・ヨーロッパ語族』クロノス、一九八八参照。文学的伝統については、Schmitt, Rüdiger, Dichtung und Dichtersprache in indo-germanischer Zeit, Otto Harrassowitz, 1967; Campanile, Enrico, Ricerche di cultura poetica indoeuropea, Giardini Editori, Pisa, 1977等参照。

デュメジルと三区分イデオロギー

本書の著者デュメジルはフランスの言語学者・比較神話学者であり、それぞれの領域において卓越した業績を生み出している。以下でも述べるように、彼は元来、印欧語比較言語学を専攻したので、古代語、現代語を問わず印欧諸語のほとんどすべてに精通しているのだが、言語学の面における彼の学界への主たる貢献は、実は非印欧語であるコーカサス諸語に関するものである。彼がこの失われつつある諸語に取り組むことになった経緯はやはり以下に触れておいたが、一九二〇年代にはじめてコーカサス諸語を知って以来、デュメジルは五十年以上にわたって説話の採取、文法的研究を続けており、コーカサス諸語の世界的権威であるばかりか、その民族的風習、信仰などに関しても「文化人類学」的調査を行なった。彼は印欧語族しか知らない書斎派の文献学者ではないし、印欧語族研究以外に彼にはもう一つの専門領域があることは、憶えておくに価するだろう。

しかしデュメジルを有名にしたのは、コーカサス諸語の研究ではなく印欧語族が世界を聖性、戦闘性、豊饒性の三要素からなるものとしてとらえていたとする彼の見解によってである。彼はこの世界観に本書の題名ともなっている「印欧語族三区分イデオロギー」という名称を与え、さらに「三機能体系」、「三機能イデオロギー」、「三機能構造」とも呼んでいる。この説は印欧語族の諸伝承や宗教儀礼の比較研究によって着想され、その後も改定され続けている。この研究が神話を主たる材料の一つとしていること、さらには本書でも触れられているように十九世紀には印欧語族神話を比較研究する大きな流れがあり、デュメジルも同じ領域を扱っていることから、彼の三区分イデオロギー研究は「比較神話学」とか、あるいは十九世紀のそれと区別して「新比較神話学」などと呼ばれることが多いが、本書でも明らかなように、デュメジルは神話のみならず叙事詩、伝説、法律、宗教儀礼なども材料としており、その業績は宗教文化史、精神文化史、さらには文明文化史に属すると見るのがより妥当であろう。とはいえ、デュメジルのような立場からの研究を「比較神話学」と呼ぶことは、今日すでにある程度定着した用法となっており、ここでもこの語を用いていく。

次にデュメジルの経歴と本書以降から現在にいたるまでの彼の研究の進展を述べ、ついでデュメジルの「三区分イデオロギー説」に触発されて発表された他の研究者たちの業績を紹介したい。リトルトンに『新比較神話学』という、デュメジルの学説の形成過程やその信奉者あるいは批判者たちの業績も包括的に論じていて、デュメジルを知るうえで有益な著作があり、邦訳されているが（リトルトン1981）、同書では一九七九年以降については論じられていないので、以降の展開についても併せて述べておく。*

* デュメジルの著書のうちコーカサス諸語関係のものを除いた一覧と他の研究者たちの最近の業績の一覧は本稿の末尾に掲げてあるので、適宜参照されたい。デュメジルの著書名に続く（　）にはそれぞれの略号のほか、その改訂版――ただし主要なもののみ――がある場合にはその旨を表示した。また他の研究者の最近の業績は⑴論文集、⑵著書、⑶単行論文（ただし二、三の例外を除いて、⑴の論文集所収のものやリトルトンの取り上げているものは含まれていない）の三部に分けて掲げた。論文集のうち『G・デュメジル献呈論集』（一九六〇）、リヴィエール編『印欧語族発見におけるG・デュメジル』（一九七九）、『時代のために――G・デュメジル』（一九八一）には、それぞれの年度までのデュメジルの全著作の文献目録がある。またプーヴェル編『印欧語族における神話と法律』（一九七〇）は著作を網羅してはいないが、それぞれの著作に対する書評や批評、さらにそれらに対するデュメジルの応答が併記されている。このほかリトルトンの著書にも文献目録がある。なお以下のデュメジルの経歴の素描には、*ME* I^2, pp.12-17; Rivière 1979, pp.141-147 (R. Schilling); *Pour un temp* 1981, pp.15-44（デュメジルへのインタビュー）、『みすず』二六〇（一九八二）、四九―五五頁（『ル・モンド』のデュメジルへのインタビューの

訳)、吉田敦彦「ジュルジュ・デュメジル」『現代思想』一九七九年一二月号、八四—八七頁などを参照した。

デュメジル(Georges Dumézil)は一八九八年にパリでジャン・アナトール・デュメジル(第一次大戦ではフランス軍の将軍)の子として生まれ、幼時から言語と神話に興味を抱いていた。二十世紀初頭ともいえば印欧語比較言語学の最盛期であり、カール・ブルグマン(Karl Brugmann, 1849-1919)やアントワーヌ・メイエ(Antoine Meillet, 1866-1936)らの今日もその価値を失っていない文法書が刊行された時期である。またアダルベルト・クーン(Adalbert Kuhn, 1812-1881)やマックス・ミュラー(Friedrich Max-Müller, 1823-1900)に代表される印欧語族神話の比較研究(「自然神話学派」)も、最盛期を過ぎたとはいえ、なお余勢を保っていた。

デュメジルは十二歳にして比較言語学者・比較神話学者ミシェル・ブレアル(Michel Bréal, 1832-1915)の著書を読んでいたが、リセ・ルイ・ル・グランに入るとブレアルの孫と知り合いになり、彼を通じてブレアルと会うようになった。そしてブレアルに勧められ、当時コレージュ・ドゥ・フランスで比較言語学を教えていたメイエの著作を読み、そのもとで研究を行なうことを決意する(なおメイエの先任者ソシュール(Ferdinand de Saussure, 1857-1913)からの直接的影響はなかったらしい)。デュメジルは一九一六年にエコール・ノルマルに首席で入学するが、ほどなく第一次大戦に動員された。復員後の一九一九年に教授資格《アグレジェ》を得て、ボーヴェのリセで教えはじめるが六ヵ月余りで休職、途中でワルシャワ大講師なども務めつつ、メイエのもとで博士論文を完成させ、一九二四年に博士号を取得した。その際の正論文が『不死の饗宴』(一九二四)、副論文が『レムノス島の女たちの罪』(一九二五)である。そこにはクーン、ミュラー、ブレアルらのように神話を自然現象の表現とする自然神話学説はもはや認められないが、サロモン・レナック(Salomon Reinach, 1858-1932)、ヴィルヘルム・マンハルト(Wilhelm Mannhardt, 1831-1880)、ジェイムズ・フレイザー(James George Frazer, 1854-1941)らに影響された呪術やトーテミスムの立場からの神話解釈が色濃い。

デュメジルのフランス社会学派との関係についてはまだ明確ではない。リトルトンはその影響——特にモース——を強調しているが(リトルトン1981、四六—四八頁)、デュメジルはデュルケームについては理論的に拒否したとし、その弟子のユベールからは最も不快な批判を受けたと述べている。モースについてはその才能も人格も高く評価しているが、デュメジル自身はその学恩を後に述べるグラネほどには強調していない。ヴァン・ジェネップについては、「彼とはすれ違ったことがあるだけだ」という。

デュメジルは一九二五年から三一年にかけてはイスタンブール大で宗教史の教授を務めるが、そこでソビエトから逃亡してきたコーカサス人が近くにいることを知り、彼らを通してコーカサス諸語、とくにウビク語の研究を行なうようになる。しかしまたその頃、彼にはフランスで研究職につくことの困難さも明らかになってきた。彼の師メイエは初期にはデュルケームとも交流があり、印欧語族の社会・文化面への関心も深かったのだが、しだいに純粋な言語学へと向かっていったからである。なおメイエの後任には天才バンヴェニスト（Emile Benveniste, 1902-1976）が就任している。一九三一年から三三年のあいだデュメジルはウプサラ大学講師となり、古代ノルド語研究も進めた。しかし三三年に彼は、恩師の一人であるインド学者シルヴァン・レヴィ（Sylvain Lévi, 1863-1935）の推挙により高等研究院にポストを得てフランスに戻った。彼は第五部門（宗教学）で「印欧語族の宗教比較研究」の講座を一九六八年の退任まで務めることとなる。

フランスに戻ったデュメジルは、彼が最も影響を受けたとする人物、中国学者マルセル・グラネ（Marcel Granet, 1884-1940）と会うこととなる。デュメジルの回想によれば、グラネとの出会いはつぎのようなものであった。当初レヴィはデュメジルにグラネと会わぬように忠告していた。グラネの批判を憂慮したからである。しかしデュメジルは、「やっつけられるにせよ、死ぬことはあるまい」と独言し、グラネに会いにいった。するとグラネは、「入りなさい、私は十年間君を待っていた」といって、それまでのデュメジルの研究を徹底的に批判したというのである。しかしその批判は、かつてのユベールの場合のように不快ではなくむしろ好ましいものであったようで、デュメジルはそれから三年にわたり自らの講義のかたわら、チベット学者ロルフ・スタン（Rolf Stein. 1911-1999）らとともにグラネの講義に参加している。まずなによりも虚心にテキストを読み、その注釈を行なうという態度が、グラネのデュメジルに与えた最大の教えであったらしい*（次節参照）。

＊モース、グラネらについては、松本信広「マーセル・モース氏の憶い出」『社会人類学年報』二（一九七六）、一一一二頁が彼らの姿をよく伝えている。

デュメジルが三区分イデオロギーを着想するまでの過程は決して平坦ではなく、試行錯誤が繰り返されている。まず彼は一九三〇年に『アジア学雑誌』(*Journal asiatique*) に「カースト制度のインド・イラン的先史」《La préhistoire indo-iranienne des caste》, *JA* 216, pp.109-130）を発表し、インド・イラン人における三階層区分の共通性を指摘した。そこではまだ印欧語族全体に共通する三区分的思惟の視点は現われていない。インド・イラン人に三階層の社会組織が存在したというこの仮説は、その後バンヴェニストによってさらに確固たるものとされた（「『アヴェスタ』伝承における社会階層」《Les classes sociales dans la tradition avestique》, *JA* 221（1932), pp. 117-134、「社会階層に関するインド・イラン的伝統」《Traditions indo-iraniennes sur les classes sociales》, *JA* 230（1938), pp.529-549）。

一九三四年の『ウラノス-ヴァルナ』は両神の同一起源を論じたものだが、その妥当性は後にデュメジル自身によっても否定されている。しかし彼が主権神に目を向けた点は注目される。また翌年の『フラーメン－ブラフマン』ではデュメジルはローマの祭司フラーメンとインドの祭司ブラフマンの同一起源を論じたが、これもやはり後に彼自身によって否定されている。しかし祭司の存在に着目したこと、そして比較の対象をギリシアからローマに転じたことは、彼の三区分イデオロギー説への予備段階としてやはり重要と思われる。この時期までの大きな問題は、デュメジルが語源の同一になおかなり拘泥していたことである。名称の一致よりも全体の構造のなかでの機能的位置に目を向けたとき、はじめてつぎの大いなる飛躍が可能となっていく。

最古期ローマの三大神ユピテル、マルス、クゥイリヌスがそれぞれ聖性・主権、戦闘性、豊饒性を中心としており、この三区分とインド・イラン人の社会階層の区分との一致を認識することによって、デュメジルは模索を脱し、「三区分イデオロギー」説への第一歩を踏み出した。その出発点が一九三八年の論文「大フラーメンの先史」（《La préhistoire des flamines majeurs》、『宗教学雑誌』*Revue de l'Histoire des Religions*, 163, pp.188-200〔*IR* 156-166 に再録〕）であり、*IR* ではこの論文はグラネに捧げられている。一九一八年にジョセフ・ヴァンドリエスが指摘したインド・イラン語派、イタリック語派、ケルト語派のみに認められる祭司団や法律、宗教に関する一連の共通語彙などの存在（J. Vendryes,「インド・イラン語派とイタロ・ケルト語派における語彙の対応」《Les correspondances de vocabulaire entre l'indo-iranien et l'italo-celtique》,『パリ言語学会紀要』*Mémoires de la Société de Linguistique de Paris* 20（1918）, pp.265-285）についての言及から始まるこの論文で、デュメジルは社会の三区分が印欧語族に共通する状態であったのではないかと主張した。

この論文と本書での立場の違いは二つあるように思われる。一つは、本書ではデュメジルはもはや三階層からなる社会状態が印欧語族に存在したとは主張していない点である。本書において三区分はあくまでも世界観であり、「モデル、理想、そして社会の本質を分析して明確化するのに適当な手段」（第一章二節）としてとらえられている。実際にそれを社会的三階層として具体化するか否かは、分裂後の個々の分派によるというのである。宗教あるいは上部構造が、社会状態あるいは下部構造を忠実に反映するとは本書では考えられていない。なるほどデュメジルは純粋に文献学的ではなく社会学的成果も考慮に入れている。しかしそれはデュルケーム的な社会現実の反映としての宗教という立場とは異なっているのである（本書第一章二六節参照）。もう一つの本書との違いは、本書では三機能と王の関係がより明確に認識されてきている点にある。とはいえ、本書（同上）でも王の位置づけは明快とはいい難い。ローマの場合については、本書上掲個所の注に掲げられている論文が詳しく、そこでは三機能の枠外に位置し、それらの要素のすべてを統合し体現している王の在り方が指摘されている。たしかにデュメジルが述べているように、王の位置づけにはバラつきがあり、安易な決定は行なえないが、三機能すべての統合者という位置づけが多いことは、認めてよいと思われる。*

＊王の問題はデュメジル自身（*ME II*, pt, 3; *FR*, pp.115-133）やデュビュイッソン（Dubuisson, 1973; 1978a; 1978b）、ブリケル（Briquel, 1983）、アレン（Allen 2020）などによって引き続き検討されている。

三機能イデオロギーの視点からの印欧語族比較神話の分析については本書に述べられているので、ここでは繰り返さない。本書後のデュメジルの研究の展開については以下で触れるが、その前に再度、経歴の続きを述べておく。一九四九年、彼は新たにコレージュ・ドゥ・フランスに開設された「印欧語族文明」の講座も兼任することとなった。これにはバンヴェニストの尽力があったとデュメジルは語っている。彼はこの職を一九六八年まで務めた。そして一九七八年には、伝統あるアカデミー・フランセーズの一員に選ばれる。しかしこれはむしろ遅きにすぎた感もある。かつてのデュメジルの教え子ロジェ・カイヨワ（Roger Caillois, 1913-1978）が彼より前に会員に選ばれていた（一九七一）のだから。ともあれアカデミー会員を代表してデュメジルを迎える挨拶はレヴィ＝ストロースによって行なわれた（吉田敦彦訳「デュメジルへの讃辞」『みすず』二三二、二三四、二三五号）。デュメジルは一九八六年十月十一日にパリの病院で亡くなった。八十八歳であった。

『神々の構造』以降の著作

一九五八年の原著刊行以降の著作については、一九七九年までのものは上述のリトルトン『新比較神話学』邦訳によって知ることができる。ここではまず一九七九年以降でデュメジルが亡くなる前までに刊行された著作八冊と政治的思想についての批判への反論について紹介し、そして続けてデュメジルの死後に出された二冊についても述べておく。

『響き渡るアポローン』(1982)、『娼婦と各色の領主たち』(1983)、『人の忘却と神々の名誉』(1985a)の三冊は、老齢となったデュメジルがもはや自らに残された時間では充全に展開しえないと考えるさまざまなアイデアをエスキス(覚え書)として公表したもので、未刊のものもすでに論文として活字化されたものもあるが、なかでもかつて彼自身が三機能の分析にそぐわないと言明していたギリシアについての覚え書が少なからずあることは興味深い。次に多少年代順が前後するが、『《灰色衣の黒い修道士がヴァレンヌに……》、ノストラダムス的茶番劇、およびソクラテスの最後の言葉についての嬉遊曲』(1984)はデュメジルの手になるはじめての小説で、二篇のいずれも自己の体験を踏まえて書かれている。前篇では『ノストラダムスの予言』の九・二〇がフランス革命やルイ十六世のヴァレンヌ逃避行の失敗を述べているのかが討論され、後篇では『パイドン』において死を待つソクラテスが友人クリトンに語る最後の言葉の意味が、やはり討論の形で明らかにされている。高度に知的で幻想的な探偵小説という感じがする著書である。

第五冊目（1985b）は以前に書かれた『戦士の栄光と悲惨』（1969a）の改訂版である（ただし一九六九年の著書も『印欧語族における戦士機能の諸側面』（1956a）の改訂版）。従来の三部構成は四部構成になっており、古い論文の再録、『神話と叙事詩Ⅱ』（1971）に基づく見解の変更、そしてローマ、オセット、ウェールズからの新しい例の追加などが行なわれている。第六冊目は『ポリエ大佐のマハーバーラタとバガヴァット・ギーター』（1986a）である。ポリエ大佐はスイスに生まれたが、インド駐在のイギリス軍に勤務し、十八世紀後半にインド叙事詩『マハーバーラタ』の要約を作った。これは彼の死後に『インド人の神話』（*la Mythologie des Indous*, Roudolstadt et Paris, 1809, 2 vols.）として出版されたが、学界からはほとんど忘却されていた。しかしウィカンデルがこれを再発見してデュメジルに伝え、デュメジルは『神話と叙事詩Ⅰ、Ⅱ』（1968〔1974b〕; 1971）でこれを活用した。そして今回、このポリエ大佐の著書から、重要と思われる部分を抜粋して注釈を加えたのが同書である。最後に最も新しい第七冊目（1986b）だが、これもやはり旧著『ロキ』（1948b）の改訂版である。改訂は最後に『ゲルマン人の神々』（1959. 邦訳一九八〇）の第三章が追加されている他は、一部で新しい注が見られる程度である。

一九八〇年代にはデュメジルのナチズムに対する態度も取り上げられ、一時期話題となった。イタリアの中世・近世史家カルロ・ギンズブルグ（1939-）は彼の師匠格にあたるイタリアの古代史家アルナルド・モミリアーノ（1908-1987）の見解に賛成し、デュメジルは三〇年代前半にナチズムに共感していたと述べている（Carlo Ginzburg,《Mythologie germanique et nazisme. Sur un ancien livre de Georges Dumézil》, *AESC* 40-4（1985, pp.695-715)。その証拠の一つとされているのが一九三九年の著書『ゲルマン人の神話と神々』である。『ベナンダンティ』や『チーズとうじ虫』といったすぐれた書物を著わしているギンズブルグであるし、古代史家として揺るぎなき名声を得ているモミリアーノではあるが、この一件に関する限り訳者には彼らの批判は根拠のないものと思われる。たしかに近年フランスの右翼的学者の一部（アラン・ドゥ・ブノワ、ジャン・オードリら）にデュメジルの学説を称賛し利用しようとする動きがあることは否定しがたい。しかしセルジャンも強調するように、デュメジル自身の立場はそれとは無関係なのである（B. Sergent,《Penser — et mal penser — les Indo-Européens》, *AESC* 37-4（1982), pp.669-681)。デュメジル自身によるギンズブルグに対する応答は『アナール』に掲載された（《Science et politique: réponse à Carlo Ginzburg》, *AESC* 40-5（1985), pp.985-989)。デュメジルはこの問題について、エリボンとの対話集（1987）でも触れている（邦訳二三三―二三六頁)。

『双子の物語』（1994）はデュメジルが生前にまとめた上掲三冊のエスキス（覚え書、1982, 1983, 1985a）に続く第四冊目のエスキスであり、残されていた原稿をグリスワルド（以下で紹介）が「双子」、「『カレワラ』関係」、「三区分関係」、「『ロキの口論』」の四つのテーマにまとめている。『カレワラ』については他の研究者による三機能的分析についての論評である。『ロキの口論』は北欧神話の『エッダ』の一篇で、ここでは北欧関係のテーマが取り上げられている。エスキスでは四冊併せると百一の問題が取り上げられている。

『古代北欧の神話と神々』はフランソワ＝グザヴィエ・ディルマン（François-Xavier Dillman）が、デュメジルが北欧神話について著書（1939, 1959）以外で、論文として発表してきたものを一冊にまとめている。なお、前掲『双子の物語』に「『ロキの口論』」としてまとめられていたエスキスの諸篇はこちらには所収されていない。

『神々の構造』以降の印欧語族比較神話学の展開

ここではデュメジル以外の研究者による印欧語族比較神語学の展開について述べたい。

「訳者文献案内」の二三八頁から「他の研究者の業績」として掲載した⑴は論文集、⑵は論文、そして⑶が著書である。⑵の論文についてはは膨大なのでそれぞれの研究者の代表作と思われる論文に限定した。なお吉田敦彦、大林太良両氏による日本神話との関連での研究は比較的よく知られているし、またそれ自体で十分に検討されるべき大きな課題なので、ここでは紹介しない。また⑴論文集と⑵論文への内容的な言及も冗長となるので行なわず、⑶著書に限って簡単な内容紹介をしたい。

『三身分あるいは封建制の夢』（Duby 1978、邦訳 2023）はフランスの高名な中世史学者デュビィの著作である。デュビィは祈る者、戦う者、働く者（oratores, bellatores, laboratores)

という西洋中世の三身分の区分が、はたしてデュメジル的印欧語族三区分イデオロギーに発するものかを歴史家の立場から検討し、それがむしろ十一世紀から十二世紀にかけて教会知識人によってキリスト教の影響下に生み出された「土着」のものではないかと論じ、三区分イデオロギーとの連続を考えることには反対している。しかしデュビィは研究の対象を北フランスに限定しており、中世のゲルマン世界やケルト世界での三区分はほとんど視野に収められていない。三身分と三区分イデオロギーとの関連を否定するなら、西洋中世の他地域での三区分の存在についても論じる必要があると思われる。デュメジルも『響き渡るアポローン』でこの点を指摘している（Dumézil 1982: pp.207-253）。またつぎのグリスワルドの研究も両者の連続を支持すると思われる。

グリスワルド（Joël Grisward）は中世フランス文学が専門だが、『中世叙事詩の考古学』では、十二、三世紀のフランスの武勲詩（Chansons de geste）のうちオレンジ公ギョーム（Guillaume d'Orange）を中心とするナルボン伝承群（le cycle des Narbonnais）に三区分イデオロギーが認められると論じている（Grisward 1981）。ナルボンのアイムリ（Aymeri）は七人の息子のうち、末子に王国を継がせ、他の六人には他国に行ってふさわしい地位を得るようにと命ずる。三人は北に行き、それぞれ参議、軍隊の指揮官、食糧と財宝の管理人となる。他の三人はそれ以外の方向にそれぞれ赴くが、西のガスコーニュに行った息子は王となり、南のスペインに行った息子は獰猛な戦士となり、東のイタリア北部に行った息子は大金持ちになった。また末子に与えられたナルボン王国は三機能すべてを備えるとされ、末子が三機能すべてを獲得することになっているが、この話形は本書第一章三節のスキュタイ伝説と一致している。つまりナルボン伝承群は三機能区分を別々な様式で三重に表現しているのである。印欧語族の叙事詩を三区分イデオロギーの立場から分析することはデュメジルによって『マハーバーラタ』や北欧叙事詩というべきサクソの『デンマーク人事誌』について行なわれてきているが、本書はその流れを継承するものといえるだろう（なお『ラーマーヤナ』についても、デュビュイッソン（Dubuisson 1986）が同様の分析を行なっている）。

オードリ（Jean Haudry）の『印欧語族』は「クセジュ文庫」の小冊中に印欧語族文化制度の諸側面をデュメジル説を中心に巧みに要約しており、専門家にも有益である。しかし先にも述べたように、オードリは右翼的思想傾向があり、人種問題についての部分はそのまま認めることは難しい（Haudry 1981）。

リンカーン（Bruce Lincoln, 1948- ）はエリアーデのもとで学び、若くして著書『祭司・戦士・家畜』（Lincoln 1981）を発表した。同書で彼は、かつてヴィーデングレンも試みたことのある原印欧語族社会とヌエル、ディンカなどの東アフリカ牧畜民の比較を行ない、家畜――とくに牛――を中心とする祭司階層と戦士階層の関係、またそれぞれの階層と家畜の関係（たとえばゾロアスター教の聖典『アヴェスタ』中の「ヤスナ」二十九章での牛の魂の嘆き、そしてアイルランド叙事詩『クーリーの牛奪取』（別名『トーイン』）に代表されるような牛群をめぐる戦士の争い）を分析した。第二作『神話・コスモス・社会』（Lincoln 1986b）は、印欧語族祭司階層が大宇宙と小宇宙（社会階層、人体各部）を対応させて考える教義を有していたことを、神話や儀礼のみならずギリシア哲学者エンペドクレスの著作などからも立証しようとしている。その後もリンカーンはデュメジルの研究を基礎としつつも、その政治性を問題としたり、独自の視点をもってデュメジルを越えた地点へと進もうとしている（Lincoln 1989; 1991）。

リトルトン（C. Scott Littleton, 1933-2010）の著書は、すでに述べたように比較神話学の全体像をとらえる上での必読書である。しかし二度の増補によって内容的に分断されている個所が多かったり、デュメジルの膨大な著作の内容を限られたスペースに要約しているため、あまり分明ではない場合があることが惜しまれる。

プーヴェル（Jaan Puhvel 1932- ）の『印欧語族研究落穂集』（Puhvel 1981）は、彼の論文五十篇をまとめたものである。ヒッタイト語を専門とするプーヴェルは、かつてバンヴェニストとデュメジルのもとで学んだこともあり、同書には比較神話関係の論文が数多く収録されている。その後、彼は一般向けの印欧語族神話の本も著している（Puhvel 1987）。

セルジャン（Bernard Sergent, 1946- ）の『ギリシア神話における同性愛』（Sergent 1984）は、戦士加入儀礼や成年式の一部としての同性愛、そしてその反映としての同性愛を描く神話をギリシアを中心として三区分イデオロギーの立場から論じている。ギリシアにおける通過儀礼制度としての同性愛についてはジャンメールの名著（Jeanmaire, Henri; *Couroi et Courètes*, Lille, 1939）もあり、古典文献学の立場からはドーヴァーの著書（中務哲郎・下田立行訳『古代ギリシアの同性愛』リブロポート、一九八四）もあるが、男役の年長者が女役の少年に渡す品々が三機能に対応するものであることから同性愛の制度の意義を論ずる個所や、神々（ポセイドーン、ゼウス、アポローンなど）や英雄（ヘラクレース、アキレーウスなど）の同性愛伝承の持つ加入儀礼的側面の指摘などは興味深い。その後、セルジャンは印欧語族総観的大著をはじめ、印欧語族神話と儀礼に関する比較研究を刊行し続けている（Sergent 1995; 1998; 1999; 2004）。

記号論学者として名高いグレマス（A. J. Greimas, 1917-1992）が最初リトアニア語で書き、その後仏訳されたのが、『神々と人間　リトアニア神話研究』（Greimas 1985）である。リトアニア語は印欧諸語のなかでも古形を保っていることで有名であり、比較言語学では重視されてきたが、神話に関しては資料の不足などからまとまった研究はあまり行なわれてこなかった。プーヴェルの論文「バルト神界における印欧語族的構造」（Puhvel 1981 所収）やワードの印欧語族双児神神話の研究（Ward, Donald, *The Divine Twins*, University of California Press, 1968）中での太陽神の娘 Saules dukterys（または Ausra）と彼女の兄弟にして求婚者である双児 Dievo sūneliai（インドでの Sūryā と Aśvinau あるいはギリシアのHeleneとDioskuroiに対応する）の存在などが目につく程度である。リトアニア語資料を活用した同書によって、今後、比較神話学でのリトアニア研究が一層進むことが期待される。

オーステン（Jarich G. Oosten）の『神々の戦い』（Oosten 1985）はレヴィ＝ストロースの親族構造研究、女性の交換や文化／自然の対立の概念などを活用し、デュメジルの問題とした印欧語族神話や叙事詩を親族間の権力をめぐる争いの反映として読み解こうとしている。その是非は論議の分かれるところだろうが、デュメジルの用いている資料の多くが一冊のなかにコンパクトにまとめられており便利である。

現代の神話研究でのデュメジルの位置

かつてのような西洋の偉大な思想家を中心とした思想史や西洋列強の制度・機構（表層）を分析する社会学、歴史学に代わって、一般のひとびとの文化、わけても目には見えにくい基底的な思惟や世界観（深層）を明らかにしようとする動きが、人類学を始めとして、伝統的学問の内部（たとえば歴史学におけるアナール学派）においても目立ってきている。そうした内面的精神の領域とより深くかかわる分野を、西洋のみならず「未開人」や「古代人」も含めた広い視野から論じようとするなら、歴史史料だけでなく、神話、叙事詩、伝説、民話といった想像力や象徴作用ともつながる素材も研究の射程に入れられなければならない。

現代の人文科学のなかで（広義の）神話研究の占める役割が増大しているのも故なきことではないのである。

　こうした神話研究を関心の在り方やアプローチの違いによっていくつかに分類し、デュメジルの立場との類似点や相違点を指摘してみよう。例としてフロイトの精神分析、ユングの深層心理学、レヴィ＝ストロースの構造分析を取り上げ、デュメジルとの違いを簡潔に述べたい（詳しくは松村2019を参照されたい）。もちろん現代における神話研究のすべてがこれらの学者たちの業績によって尽きるというのではない。テキストの校訂を中心とする文献学の立場、哲学の立場（たとえばE・カッシーラーの『シンボル形式の哲学II　神話的思考』や『言語と神話』、S・ランガーの『シンボルの哲学』）、文芸批評の立場（たとえばJohn B. Vickery ed., *Myth and Literature*, Univ. of Nebraska Press, 1966; Id., *Myths and Texts*, Louisiana State Univ. Press, 1983）、民族学の立場（A・E・イエンゼン、H・バウマンら）、民俗学の立場などからの神話研究も当然ある。しかしこれらはデュメジルの方法論と関連は薄いので、ここでは割愛する。

　フロイト、ユング、レヴィ＝ストロースは、いずれも神話が無意識から生まれてくるという見方をとる。とはいえ無意識の内容にはそれぞれ違いがある。フロイトでは無意識は個人の幼年期の抑圧の普遍性から生ずる性的なものだし、ユングでは太古からの人類の共通経験による普遍的で情動的なもの、そしてレヴィ＝ストロースでは人間の脳の構造に由来する二項対立を特徴とする普遍的な知の秩序とされている。

デュメジルは彼らと異なり、神話が源泉を無意識に有するとも、普遍的な性格を有するとも主張していない。そうした問題に対して彼は不可知論の態度をとっている。つまり彼は、歴史的に限定された印欧語族という対象の持つ固有性としての三区分イデオロギーの諸相を研究するのであり、そこから（たとえ可能であっても）何らの一般命題も引き出そうとしないという彼なりの知的禁欲を貫いていると思われる。換言すれば、非歴史的立場の上記三者と異なり、デュメジルは歴史の側に立つのである。

しかし「構造」については、事情は異なってくる。フロイトとユングが神話中の個々の要素に一定の象徴的意義を認める（たとえばフロイトにとって、町、城、館、砦はつねに女性の象徴であり、ユングにとって英雄の竜殺しとは、太母からの意識的自我の解放である）のに対し、デュメジルはレヴィ゠ストロースと並んで、神話中の諸要素の関係つまり「構造」を重視している。歴史的視野で論じられるデュメジルの手法は、歴史構造主義（historical structuralism）と呼べるかも知れない。レヴィ゠ストロースも『神話論理』（*Mythologiques I-IV*, Plon, 1964-1971、邦訳あり）の各所や前述のアカデミー・フランセーズでのデュメジル歓迎演説において、彼が構造分析を完成させるに際しデュメジルから大きな影響を受けたと述べている。

ではデュメジルは「構造主義者」あるいはその先駆者であろうか。この点についての評価は各人の主観によって異なるだろうが、デュメジル自身はこのレッテルを拒絶している。以下の引用は、デュメジルが自らの研究をどのように位置づけているかをよく示していると思われる（*ME III*, pp.14-15)。

私は構造主義者ではないし、かつてそうであったことも、今後そうなることもない。私は哲学ではなく歴史を研究しているのであり、最古期の歴史と科学的に到達可能な超歴史の辺域との歴史家なのである。私がまず行なうのは、系統的な関連がわかっている諸領域における事実の観察に自己を限定すること、そしてつぎにはこれらの事実の一部を比較することにより、それらに共通の祖型である二次的事実に遡行することである。私は出発点においては、普遍的に妥当する結論に到達するための先入観も希望も持つことはない。人によっては「デュメジル理論」とも呼ぶけれども、そこには二つの前提しか存在しないのである。一つはある時代に印欧語族が存在したということ、もう一つは少なくとも部分的には印欧語族の後継者であると考えられるひとびとが伝えてきた最古の伝承を言語学的な手法を用いて比較するならば、印欧語族のイデオロギーの大筋を漠然とだがとらえられるということである。それ以外には観察しかない。私が知っている神学的、神話的、機構的などの「諸構造」——そこでは三機能や四季や火や水が問題とされている——とはインド人、イラン人、ローマ人、アイルランド人などの文書に記録されているもの以外ではないし、それらの文書以前の時代に関しては、それらの比較の結果によるもの以外ではない。先験的な考えや外部から持ち込まれた考えは存在しない。私が比較の仕事を始めるのは類似に気づいてからであり、そのときには何が発見できるか前もっては知っていないのである。

この一文からは、デュメジルがレヴィ＝ストロース的構造分析をどう見ているかも窺えるだろう。デュメジルはレヴィ＝ストロースによって乗り越えられた一昔前の先駆者ではないのである。またこの文は、フロイトやユングも含めた普遍論者全体に向けられているとも考えられる。なお、前節との関連でつけ加えるならば、外部の評価はどうあれデュメジル自身は自らの師としてモースよりもグラネを挙げる理由もこの論述のなかに見いだせるように思われる。グラネの原則は、史料の「観察」をすべてに優先させることであったのだから。これは、レヴィ＝ストロースがモースの系譜をより直接的に継いでいるのと好対照をなしている。[*]

＊デュメジルとレヴィ＝ストロースの関係については、リトルトン訳書、三四七—三五七頁、松村一男『神話学入門』講談社学術文庫、2019、第6—7章等を参照。

結び

最後に本書の位置づけや成立、および翻訳上の諸点などを述べておきたい。著書の一覧でも明らかだが、本書以降のデュメジルの研究成果には膨大なものがあるし、また訳者補注の形で記しておいたように、その後の研究で本書の立場が改められた場合も皆無ではない。しかしリトルトンもいうごとく（訳書、一六八頁）、本書は「最も体系的なもの」であり、デュメジル理論を理解する上で——そして批判する上でも——避けて通ることのできない著作である。

原著には、付論として《Aryaman et Paul Thieme》という一文が加えられている。パウル・ティーメ（1905-2001）はドイツの高名なインド学者・印欧語学者であり、本書の第三章五節の注でも述べられているariという語の理解をめぐって、彼とデュメジルとのあいだでは激烈な論争が行なわれた。たまたま本書の出版前にティーメの新たなデュメジル批判の論文（Ari,《Fremder》", *ZDMG* 117（1957）, pp.96-104）と著書（*Mitra and Aryaman*, 1957, Yale University Press）が刊行されたため、デュメジルはそれへの反論として本書にこの付論を加えたのである。こうしたことは論争を拒否しないデュメジルの場合、決して珍しくはない。付論はきわめて専門的な内容であり、本書の読者一般に対してより、むしろティーメに向けて書かれているので、訳書からは除外した。

デュメジルの研究に関心を持つようになってから三人の方々に多大の学恩を受けた。

吉田敦彦教授は、一面識もなかった訳者の卒論についての相談に快く応じて下さり、それ以後も変わらぬ御指導、御助言によって訳者を励まして下さっている。本書の翻訳に際しても吉田教授からはさまざまな御教示、御助言を賜わった。

リトルトン教授にはじめて学部時代に会ったのも、吉田教授の御紹介によるものであった。リトルトン教授はその後フルブライト交換教授として再度来日されたが、その際には講義に出させていただいたほか、フルブライト奨学生としてリトルトン教授の恩師でもあるプーヴェル教授のもとで研究するに際しては過分の御推薦を戴いた。さらにアメリカ滞在中は調査のため不在の教授に代わってサマー・スクールで授業をする機会を与えていただいたし、日常の生活面でも大変お世話になった。

プーヴェル教授にはカリフォルニア大学ロスアンジェルス校（ＵＣＬＡ）の Indo-European Studies において指導教官としてとくに言語の面で多くのことを教えていただいた。デュメジルや印欧語族についての理解を訳者が得るに当たって、これら三人の方々から多大の学恩を受けたことを心から感謝したい。

最後にこの訳書が生まれるに当たって大変にお世話になった国文社の中根邦之さん、そして亡き両親に対しても感謝の言葉を捧げたい。

＊　＊　＊

三機能説の新たな展開

本書旧版出版の一九八七年以後もデュメジルの理論に影響を受けて理論的発展を目指した研究者たちが刺激的な理論展開をしている。講談社学術文庫化に際し、そうした新たな印欧語族神話比較研究の動向についても述べておきたい。

デュメジルは印欧語族の祖先が共住地から分化・拡散して個別の語族となっても、共住期からの三区分的世界観を保持し続けたと想定した。ただし本書でも述べているように彼はそれを硬直化したものではなく、社会階層、儀礼や祭、祭司団、神話、叙事詩といったカテゴリーの違いや担い手の違いに応じてさまざまな変化形を取ると考えていたし、新しい研究はそうした方向に展開しているように思われる。

デュメジルの三区分世界観理論も含めて、現在の印欧語族文化について参照するのに便利なハンドブックとして、マロリー『印欧語族の探究』(Mallory 1989)、セルジャン『印欧語諸族』(Sergent 1995)、マロリーとアダムズ『オックスフォード版原印欧語と原印欧語族世界への入門』(Mallory & Adams 2006) がある。

英雄神話についてはアメリカの印欧語学者ワトキンス (Calvert Watkins, 1933-2013) が『いかに竜を殺すか』を著し、この面でのデュメジルの研究をより細部まで跡付けた (Watkins 1995)。

英国のケルト民俗学者エミリー・ライル (Emily Lyle, 1932-) は三機能体系と四方や四季という四区分の融合を提唱している。三機能区分が男性神によって構成され、女神はその三機能のすべてに関わる機能横断的存在として見られたらしいとはデュメジルも本書で述べているが、ライルは三機能区分とこうした3＋1という四要素区分の共存があったと認める方がデュメジルの理論はより有効性を持つとしたのである（Lyle 1990; Lyle 2012）。英国の人類学者アレン（Nicholas J. Allen, 1939-2020）はライルの見解に賛意を表しつつ、二つの面においてデュメジルの理論の展開をさらに進めようとした（Allen 2020）。一つはライルと同様の三区分と四区分の融合だが、アレンは第四機能を三機能の外部と位置づけ、それにはプラスとマイナスの二種があるとするのである。第四機能のプラスは三機能の上に位置し、マイナスの第四機能は三機能の下に位置するとされる。アレンのもう一つのデュメジル理論の見直しの提言は、ギリシアとインドの叙事詩の比較である。本書でもデュメジルはギリシアでは周辺の先進文化の影響を強く受けたために伝統的な三機能イデオロギーはあまり残っていないとしており、叙事詩の比較もインドとローマが中心である。これに対してアレンは『イリアス』や『オデュッセイア』といったギリシアの叙事詩にはインドの『マハーバーラタ』と共通する要素が極めて多いと論じ、印欧語族神話学の資料としてのギリシアの重要性を再度認識するよう主張している。ギリシアの叙事詩における印欧語族的要素の重要性の見直しについては英国の古典学者ウェスト（Martin L. West, 1937-2015）も同様の意見を述べている（West 2007. ただしウェストはオリエント的要素の方をより重視していることは事実である。West 1997)。

＊

この度、講談社学術文庫において本書が再刊されることになった。編集部の栗原一樹さんには大変にお世話になった。楽しく仕事を進めることができたことを感謝申し上げる。旧訳書ではデュメジルの生涯と著作の文献案内も意図して長めの解説と訳者文献案内をつけた。今回もそれを生かしつつ、旧訳書以降の印欧語族比較神話学研究の動向について私なりの見取り図を追加した。

本書がこれからもデュメジルと比較神話学に関心を持たれる読者にとっての一助となることを願っている。今回のデュメジルの代表作の文庫版を、デュメジルの印欧語族比較神話学へと導いて下さり、二〇二三年にご逝去された吉田敦彦先生に謹んで捧げます。

一九八六年十一月六日／二〇二四年十月三十日

松村一男

訳者文献案内

▼デュメジルの著書（コーカサス諸語関係を除く。邦訳は続けて掲示）

1924a: *Le crime des Lemniennes*, Paul Geuthner.
1924b: *Le festin d'immortalité*, Paul Geuthner.
1929: *Le problème des Centaures*, Paul Geuthner.
1930: *Légendes sur les Nartes*, Honoré Champion.
1934: *Ouranós-Váruṇa*, Adrien Maisonneuve.
1939: *Mythes et dieux des Germains*, PUF（Coll. Mythes et religions 1）.〔*MDG*〕（邦訳あり）
1940: *Mitra-Varuna*, PUF.〔*MV* → 1948c〕
1941: *Jupiter-Mars, Quirinus*, Gallimard.〔*JMQ*〕（邦訳あり）
1942: *Horace et les Curiaces*, Gallimard.
1943: *Servius et la Fortune*, Gallimard.（邦訳あり）
1944: *Naissance de Rome*, Gallimard.〔*NR*〕（邦訳あり）
1945: *Naissance, d'archanges*, Gallimard.〔*NA*〕（邦訳あり）
1947: *Tarpeia*, Gallimard.
1948a: *Jupiter, Mars, Quirinus IV*, PUF.〔*JMQ IV*〕
1948b: *Loki*, G.P. Maisonneuve.
1948c: *Mitra-Varuna*（2ème éd.）, Gallimard.（邦訳あり）

1949a: *L'héritage indo-européen à Rome*, Gallimard.
1949b: *Le troisième souverain*, G.P. Maisonneuve.
1950: Collège de France, Chaire de civilisation indo-européenne. Leçon inaugurale, Collége de France.
1952: *Les dieux des Indo-Européens*, PUF（Coll. Mythes et religions 29）.〔*DIE*〕
1953: *La saga de Hadingus*, PUF.〔→ 1970〕
1954: *Rituels indo-européens à Rome*, Klincksieck.〔*RIER*〕
1956a: *Aspects de la fonction guerrière chez les Indo-Européens*, PUF〔→ 1969a → 1985b〕
1956b: *Déesses latines et mythes védiques*, Latomus（Coll. Latomus 25）.〔*DLMV*〕
1958: *L'idéologie tripartie des Indo-Européens*, Latomus（Coll. Latomus 31）.（本書）
1959: *Les dieux des Germains*, PUF（Coll. Mythes et religions 38）.（邦訳あり）
1965: *Le livre des héros*, Gallimard.
1966: *La religion romaine archaïque*, Payot.〔*RRA* → 1974a〕
1968: *Mythe et épopée I*, Gallimard.〔*ME I* → 1974b〕
1969a: *Heur et malheur du guerrier*, PUF.〔→ 1985b〕
1969b: *Idées romaines*, Gallimard.〔*IR*〕
1970: *Du mythe au roman*, PUF.〔*MR*〕（邦訳あり）
1971: *Mythe et épopée II*, Gallimard.〔*ME II*〕
1973: *Mythe et épopée III*, Gallimard.〔*ME III*〕

1974a: *La religion romaine archaïque*, 2ème éd., Payot.
1974b: *Mythe et épopée I*, 2ème éd., Gallimard. 〔*ME I*^{2}*é*〕
1975: *Fêtes romaines d'été et d'automne*, Gallimard.（邦訳あり）
1977: *Les dieux souverains des Indo-Européens*, Gallimard.
1978: *Romans de Scythie et d'alentour*, Payot.
1979: *Mariages indo-européens*, Payot.
1982: *Appollon sonore*, Gallimard.
1983: *La courtisane et les seigneurs colorés*, Gallimard.
1984: *《...Le moyne noir en gris dedans Varennes》: Sotie nostradamique suivie d'un Divertissement sur les dernières paroles de Socrate*, Gallimard.
1985a: *L'oubli de l'homme et l'honneur des dieux*, Gallimard.
1985b: *Heur et malheur du guerrier*, 2ème éd., Flammarion.（邦訳あり）
1985c: "Science et politique: Réponse à Carlo Ginzburg", *AESC* 40-5, 985-989.（邦訳あり）
1985d: "Une idylle de vingt ans", *L'oubli de l'homme et l'honneur des dieux*, Gallimard, 299-318.
1986a: *Le Mahabarat et le Bhagavat du colonel de Polier*, Gallimard.
1986b: *Loki*, 2ème éd., Flammarion.
1987: *Entretiens avec Didier Eribon*, Gallimard.（邦訳あり）
1994 : *Le roman des jumeaux*, Gallimard.

2000：*Mythes et dieux de la Scandinavie ancienne*, Gallimard.

▼デュメジル関係の著作邦訳

吉田敦彦編著『比較神話学の現在』朝日出版社、1975

C・スコット・リトルトン著、堀美佐子訳『新比較神話学』みすず書房、1981（C. Scott Littleton, *The New Comparative Mythology*, University of California Press, 1966, 1973 2nd ed., 1982 3rd ed.）

デュメジル著、松村一男訳『神々の構造』国文社、1987（本書原本）〔Dumézil 1958〕

デュメジル著、福井憲彦訳「学問と政治」『思想』一九八七・四月号〔Dumézil, 1985c〕

デュメジル著、松村一男訳『ゲルマン人の神々』日本ブリタニカ、1980／国文社、1993〔Dumézil 1959〕

デュメジル著、大橋寿美子訳『ローマの祭』法政大学出版局、1994〔Dumézil 1975〕

デュメジル＋ディディエ・エリボン著、松村一男訳『デュメジルとの対話——言語・神話・叙事詩』平凡社、1993〔Dumézil 1987〕

丸山静・前田耕作編『デュメジル・コレクション1』ちくま学芸文庫、2001（中村忠男訳『ミトラ＝ヴァルナ』〔Dumézil 1948c〕、川角信夫・神野公男・道家佐一・山根重男訳『ユピテル・マルス・クイリヌス』〔Dumézil 1941〕）

丸山静・前田耕作編『デュメジル・コレクション2』ちくま学芸文庫、2001（松村一男訳『ゲルマン人の神話と神々』〔Dumézil 1939〕、高橋秀雄・伊藤忠夫訳『セルウィウスとフォルトゥナ』

〔Dumézil 1943〕
丸山静・前田耕作編『デュメジル・コレクション3』ちくま学芸文庫、2001（川角信夫・神野公男・山根重男訳『ローマの誕生』〔Dumézil 1944〕、田中昌司・前田龍彦訳『大天使の誕生』〔Dumézil 1945〕）
丸山静・前田耕作編『デュメジル・コレクション4』ちくま学芸文庫、2001（高橋秀雄・伊藤忠夫訳『神話から物語へ』〔Dumézil 1970〕、高橋秀雄・伊藤忠夫訳『戦士の幸と不幸』〔Dumézil 1985b〕）

▼他の研究者の業績

1　論文集

Cardona, George et al. eds. 1970: eds. *Indo-European and Indo-Europeans*, University of Pennsylvania Press.
Disterheft, Dorothy, Martin Huld, and John Greppin eds. 1997: *Studies in honor of Jaan Puhvel: Part 1: Ancient languages and philology* (JIES monograph 20), Institute for the Study of Man.
Greppin, John and Edgar C. Polomé eds. 1997: *Studies in honor of Jaan Puhvel: Part 2: Mythology and religion* (JIES monograph 21), Institute for the Study of Man.
Hommages à Georges Dumézil, Latomus (Coll. Latomus 45), Bruxelles, 1960.
Larson, Gerald James et al. eds. 1974: *Myth in Indo-European Antiquity*, University of

California Press.

Marler, Joan ed. 1997: *From the Realm of the Ancestors: An Anthology in Honor of Marija Gimbutas*, Knowledge, Ideas & Trends.

Polomé, Edgar C. ed. 1983: *Homage to Georges Dumézil* (JIES monograph 3), Institute for the Study of Man.

Pour un temps: Georges Dumézil, Centre Georges Pompidou/Pandra Editions, 1981.

Puhvel, Jaan ed. 1970: *Myth and Law among the Indo-Europeans*, University of California Press.

Rivière, Jean-Claude éd. 1979: *Georges Dumézil à la découverte des Indo-Européens*, Copernic.

Skomal, Susan Nacev and Edgar C. Polomé eds. 1987: *Proto-Indo-European: The Archaeology of a Linguistic Problem: Studies in Honor of Marija Gimbutas* (JIES monograph 1), Institute for the Study of Man.

2 論文

Ahyan, Stepan. Les débuts de l'histoire d'Arménie et les trois fonctions indo-européennes, *RHR* 199 (1982), 251-271.

Arvidsson, Stefan. Aryan Mythology as Science and Ideology, *Journal of the American Academy of Religion* 67 (1999), 327-354.

Bader, Françoise. Vocabulaire et idéologie tripartie des Indo-Européens: La racine **swer-*

《veiller sur》 en Grec, *BSL* 66 (1971), 139-211.

Bader, Françoise. De 《protéger》 à 《razzier》 au Néolithique indo-européen: Phraséologie, étymologies, civilisation, *BSL* 73 (1978), 103-219.

Bader, Françoise. Rhapsodies homériques et irlandaises, in R. Bloch éd. *Recherches sur les religions de l'antiquité classique*, Droz, 1980, 9-83.

Bader, Françoise. De la préhistoire à l'idéologie tripartie: Les Travaux d'Héraklès, in R. Bloch éd. *D' Héraklès à Poséidon: Mythologie et protohistoire*, Droz, 1985, 9-124.

Banaszkiewicz, Jacek. Note sur le thème du siège triparti: Capitole, Narbonne et Głogów, *AESC* 39 (1984), 776-782.

Banaszkiewicz, Jacek. Die Mäusethurmsage: The Symbolism of Annihilation of an Evil Ruler, *Acta Poloniae Historica* 51 (1985), 5-32.

Benveniste, Emile. Don et échange dans le vocabulaire indo-européen, *L'année sociologique* 3e série T. 3 (1948-49), 7-20.

Boureau, Alain. Placido Tramite: La légende d'Eustache, empreinte fossile d'un mythe carolingien?, *AESC* 37 (1982), 682-699.

Bremmer, Jan. An Enigmatic Indo-European Rite: Paederasty, *Arethusa* 13 (1980), 279-298.

Briquel, Dominique. Sur l'équipement royal indo-européen: Données latines et grecques, *RHR* 200 (1983), 67-74.

Brough, John. The Tripartite Ideology of the Indo-Europeans: An Experiment in Method,

Bulletin of the School of Oriental and African Studies 22 (1959), 69-85.
Carozzi, Claude. Les fondements de la tripartition sociale chez Adalbéron de Laon, *AESC* 33 (1978), 683-702.
Cohen, David J. Suibhne Geilt, *Celtica* 12 (1977), 113-124.
Dubuisson, Daniel. Les talismans du roi Cormac et les trois fonctions, *RH* 508 (1973), 289-294.
Dubuisson, Daniel. L'Irlande et la théorie médiévale des《trois ordres》, *RHR* 188 (1975), 35-63.
Dubuisson, Daniel. Le roi indo-européen et la synthèse des trois fonctions, *AESC* 33 (1978), 21-34.
Dubuisson, Daniel. L'équipement de l'inauguration royale dans l'Inde védique et en Irlande, *RHR* 193 (1978), 153-164.
Dubuisson, Daniel. The Apologues of Saint Comlumba and Solon or the "Third Function" Denigrated, *JIES* 6 (1978), 231-242.
Dubuisson, Daniel. La déesse chevelue et la reine coiffeuse: Recherches sur un thème épique de l'Inde ancienne, *JA* 266 (1978), 291-310.
Dubuisson, Daniel. Trois thèses sur le *Rāmāyana*, *AESC* 34 (1979), 464-489.
Dubuisson, Daniel. Matériaux pour une typologie des structures trifonctionnelles, *L'Homme* 93 (1985), 105-121.
Dubuisson, Daniel. La préhistoire des Pāṇḍava, *RHR* 202 (1985), 227-241.
Eliade, Mircea 1972: *Zalmoxis: The Vanishing God*, The University of Chicago Press (ch.1 "The

Dacians and Wolves")（ミルチャ・エリアーデ著、斎藤正二訳『ザルモクシスからジンギスカンへ①』せりか書房、1976、第一章「ダーキア人と狼」）

Gerstein, M. R. Germanic *Warg*: The Outlaw as Werwolf, in Larson et al. eds. 1974, 131-156.

Ginzburg, Carlo. Mythologie germanique et nazisme: Sur un ancien livre de Georges Dumézil, *AESC* 40-4 (1985), 695-715.（カルロ・ギンズブルグ著、竹山博英訳『神話・寓意・徴候』せりか書房、1988、第6章「ゲルマン神話学とナチズム――ジョルジュ・デュメジルのかつての本について」）

Gonda, Jan. Some Observations on Dumézil's Views of Indo-European Mythology, *Mnemosyne* 13 (1960), 1-15.

Gray, Elizabeth A. Cath Maige Tuired: Myth and Structure, *Éigse* 18 (1981), 183-209; 19 (1982-83), 1-35, 230-262.

Helm, Karl. Mythologie auf altern und neuen Wegen, *Beiträge zur Geschichte der deutschen Sprache und Literatur* 77 (1955), 333-365.

Hiltebeitel, Alf. Draupadī's Garments, *IIJ* 22 (1980), 97-112.

Lincoln, Bruce. review. Dumézil, *L'Oubli de l'homme et l'honneur des dieux*, *Times Literary Supplement*, October 3 (1986a).

Littleton, C. Scott and Ann C. Thomas. The Sarmatian Connection: New Light on the Origin of the Arthurian and Holy Grail Legends, *JAF* 91 (1978), 513-527.

Littleton, C. Scott, D. A. Miller, Jaan Puhvel, and Udo Strutynski. Letters "Georges Dumézil",

Times Literary Supplement, December 5 (1986).

Loicq, Jean. Ogmios-Varuṇa et l'organisation de la fonction de souveraineté dans le panthéon celtique, *Orientalia J. Duchesne-Guillemin Emerito Oblata* (Acta Iranica 23), Brill, 1984, 341-382.

Lyle, Emily. Dumézil's Three Functions and Indo-European Cosmic Structure, *HR* 22 (1982), 25-44.

Lyle, Emily. Age Grades, Age Classes and Alternate Succession: A Restatement of the Basis at the Societal Level of Indo-European Symbolic Partition, *Emania* 16 (1997), 63-71.

Lyle, Emily. Which Triad?: A Critique and Development of Dumézil's Tripartite Structure, *RHR* 221 (2004), 5-21.

McCone, Kim R. Hund, Wolf und Krieger bei den Indogermanen, in Wolfgang Meid hrsg. *Studien zum Indogermanischen Wortschatz*, Innsbrucker Beiträge zur Sprachwissenschaft Bd. 52, 1987, 101-154.

松村一男「神話から民話へ――『小さなグウィヨン物語』と『タリエシン物語』における印欧語族神話要素」『宗教研究』59（1985a), 269-297.（松村 2010b 所収）

松村一男「戦士の誕生――アイルランド叙事詩の英雄クー・フリンを中心に」『現代思想』13（1985b), 146-158.（松村 2010b 所収）

松村一男「神話と政治――ギンズブルグのデュメジル批判をめぐって」『象徴図像研究』（和光大学象徴図像研究会）1（1987), 64-72.

松村一男「救済としての真実――古代イランを中心に」吉田泰編『救済の諸相』山本書店、1990、163-199.（松村 2010b 所収）

松村一男「戦士・王権・救済――ケルト文化のインド＝ヨーロッパ的諸相」『ユリイカ』23（1991），194-206.（松村 2010b 所収）

松村一男「ユーラシアにおける支配者誕生の神話」『和光大学表現学部紀要』1（2001），3-13.（松村 2010b 所収）

松村一男「なぜ私は印欧語族研究を止めたか」竹沢尚一郎編『宗教とファシズム』水声社、2010a、349-367.（松村 2010b 所収）

Melia, Daniel F. Some Remarks on the Affinities of Medieval Irish Saga, *Acta Antiqua Academiae Scientiarum Hungaricae* 27（1979），255-261.

Momigliano, Arnaldo. An Interim Report on the Origins of Rome, *Journal of Roman Studies* 53（1963），95-121.

Momigliano, Arnaldo. Premesse per una discussione de G. Dumézil, *Opus* II（1983），329-341.

Nagy, Gregory. Six Studies of Sacral Vocabulary Relating to the Fireplace, *HSCP* 78（1974），71-106.

Nagy, Gregory. Patroklos, Concepts of Afterlife, and the Indic Triple Fire, *Arethusa* 13（1980），161-195.

Ogibenin, Boris L. Baltic Evidence and the Indo-Iranian Prayer, *JIES* 2（1974），23-45.

Puhvel, Jaan. Aspects of Equine Functionality, in Puhvel ed. 1970, 159-172.（プーヴェル、ヤー

ン 1976：（堀美佐子訳）「馬の神話的機能——印欧語族の宗教における」『現代思想』4, 200-214)
Puhvel, Jaan. Who were the Hittite *hurkilas pesnes*?, in Annemarie Etter ed. *O-o-pe-ro-si: Festschrift für Ernst Risch zum 75. Geburtstag*, Walter de Gruyter, 1986,151-155.
Rose, H. J. Roman Religion 1910-1960, *Journal of Roman Studies* 50 (1960), 161-172.
Smith, Pierre et Dan Sperber. Mythologiques de Georges Dumézil, *AESC* 26 (1971), 559-586.
Ström, Åke V. Indogermanisches in der *Völuspá*, *Numen* 14 (1967), 167-208.
Szemerényi, Oswald. Studies in the Kinship Terminology of the Indo-European Languages, *Acta Iranica* 16 (1977), 1-240.
Watkins, Calvert. Is Tre Ḟír Flathemon: Marginalia to *Audacht Morainn*, *Ériu* 30 (1979), 181-198.
Widengren, Geo. Recherches sur le féodalisme iranien, *Orientalia Suecana* 5 (1956), 79-182.

デュメジル特集号とインタビュー

Magazine littéraire 229, Avril, 1986.
Le Point, 9-15 Juin, 1986, 132-139.

3 著書（デュメジルを除く）

Allen, N. J. 2020: *Arjuna-Odysseus*, Routledge.
Arvidsson, Stefan 2006: *Aryan Idols: Indo-European Mythology as Ideology and Science*, The

University of Chicago Press.

Benveniste, Emile 1969: *Le vocabulaire des institutions indo-européennes*, I-II, Minuit.（エミール・バンヴェニスト著、前田耕作監修・蔵持不三也他訳『インド＝ヨーロッパ諸制度語彙集』Ⅰ―Ⅱ、言叢社、1986-87）

Buck, Carl D. 1949: *A Dictionary of Selected Synonyms in the Principal Indo-European Languages*, The University of Chicago Press.

Compton, Todd M. 2006: *Victim of the Muses: Poet as Scapegoat, Warrior and Hero in Greco-Roman and Indo-European Myth and History*, Harvard University Press.

Dexter, Miriam Robbins 1990: *Whence the Goddess: A Source Book*, Pergamon Press.

Dubuisson, Daniel 1986: *La légende royale dans l'Inde ancienne*, Economica.

Dubuisson, Daniel 1993: *Mythologies du XXe siècle (Dumézil, Lévi-Strauss, Eliade)*, Presses Universitaires de Lille.

Duby, Georges 1978: *Les trois ordres ou l'imaginaire du féodalisme*, Gallimard.（ジョルジュ・デュビィ著、金尾健美訳『中世ヨーロッパの社会秩序』知泉書館、2023）

Eribon, Didier 1992: *Faut-il brûler Dumézil?*, Flammarion.

Gimbutas, Marija 1982: *The Goddesses and Gods of Old Europe 6500-3500 BC: Myths and Cult Images*, Thames & Hudson（マリヤ・ギンブタス著、鶴岡真弓訳『古ヨーロッパの神々』言叢社、1989）

Gimbutas, Marija 1989: *The Language of the Goddess: Unearthing the hidden symbols of western civilization*, Thames & Hudson.

Gimbutas, Marija 1999: *The Living Goddesses*, University of California Press.

Ginzburg, Carlo 1966 (1972): *I Benandanti: Stregoneria e culti agrari tra Cinquencento e Seicento*, Einaudi.（竹山博英訳『ベナンダンティ――16―17世紀における悪魔崇拝と農耕儀礼』せりか書房、1986）

Ginzburg, Carlo 1989: *Storia Notturna: Una Decifrazione del Sabba*, Einaudi.（カルロ・ギンズブルグ著、竹山博英訳『闇の歴史――サバトの解読』せりか書房、1992）

Greimas, Algirdas Julien 1985: *Des dieux et des hommes: Études de mythologie lithuanienne*, PUF.

Grisward, Joël H. 1981: *Archéologie de l'épopée médiévale*, Payot.

Grottanelli, Cristiano 1993: *Ideologie miti massacri: Indoeuropei di Georges Dumézil*, Sellerio editore Palermo.

Haudry, Jean 1981: *Les Indo-Européens*, PUF,《Que sais-je?》.

Höfler, Otto 1934: *Kultische Geheimbünde der Germanen, I*, Mortiz Diesterweg.

Jeanmaire, Henri 1939: *Couroi et Courètes: Essai sur l'éducation spartiate et sur les rites d'adolescence dans l'antiquité hellénique*, Bibliothèque Universitaire Lille.

風間喜代三 1978：『言語学の誕生――比較言語学小史』岩波新書

風間喜代三 1984:『印欧語の親族名称の研究』岩波書店

風間喜代三 1993：『印欧語の故郷を探る』岩波新書

高津春繁 1950：『比較言語学』岩波書店（1992『比較言語学入門』岩波文庫）
高津春繁 1954：『印欧語比較文法』岩波書店
Lévi-Strauss, Claude 1964: *Mythologiques I: Le cru et le cuit*, Plon.（クロード・レヴィ＝ストロース著、早水洋太郎訳『神話論理 Ⅰ 生のものと火を通したもの』みすず書房、2006）
Lévi-Strauss, Claude 1966: *Mythologiques II: Du miel aux cendres*, Plon.（クロード・レヴィ＝ストロース著、早水洋太郎訳『神話論理 Ⅱ 蜜から灰へ』みすず書房、2007）
Lévi-Strauss, Claude 1968: *Mythologiques III: L'origine des manières de table*, Plon.（クロード・レヴィ＝ストロース著、渡辺公三他共訳『神話論理 Ⅲ 食卓作法の起源』みすず書房、2007）
Lévi-Strauss, Claude 1971: *Mythologiques IV: L'homme nu*, Plon.（クロード・レヴィ＝ストロース著、吉田禎吾他共訳『神話論理 Ⅳ 裸の人』1―2、みすず書房、2008, 2010）
Lincoln, Bruce 1981: *Priests, Warriors, and Cattle: A Study in the Ecology of Religions*, University of California Press.
Lincoln, Bruce 1986b: *Myth, Cosmos, and Society: Indo-European Themes of Creatio and Destruction*, Harvard University Press.
Lincoln, Bruce 1989: *Discourse and the Construction of Society: Comparative Studies of Myth, Ritual, and Classification*, Oxford University Press.
Lincoln, Bruce 1991: *Death, War, and Sacrifice: Studies in Ideology and Practice*, The University of Chicago Press.
Lincoln, Bruce 1999: *Theorizing Myth: Narrative, Ideology, and Scholarship*, The University of

Chicago Press.
Littleton, C. Scott 1966: *The New Comparative Mythology*, University of California Press.（リトルトン 1981: 堀美佐子訳）『新比較神話学』みすず書房
Lyle, Emily 1990: *Archaic Cosmos*, Polygon.
Lyle, Emily 2012: *Ten gods: A New Approach to Difining the Mythological Structures of the Indo-Europeans*, Cambridge Scholars Publishing.
Mallory, J. P. 1989: *In Search of the Indo-Europeans: Language, Archaeology and Myth*, Thames & Hudson.
Mallory, J. P. & D. Q. Adams 2006: *The Oxford Introduction to Proto-Indo-European and the Proto-Indo-European World*, Oxford University Press.
松村一男 1999：『神話学講義』角川書店（＝松村 2019『神話学入門』）
松村一男 2010b:『神話思考Ｉ』言叢社
松村一男 2019:『神話学入門』講談社学術文庫
Nagy, Gregory 1979: *The Best of the Achaeans: Concepts of the Hero in Archaic Greek Poetry*, The Johns Hopkins University Press.
Nagy, Gregory 1990: *Greek Mythology and Poetics*, Cornell University Press.
Nagy, Joseph 1985: *The Wisdom of the Outlaw: The Boyhood Deeds of Finn in Gaelic Narrative Tradition*, University of California Press.
Olender, Maurice 1989: *Les langues du Paradis: Aryens et Sémites: un couple providentiel*,

Gallimard.（モーリス・オランデール著、浜崎設夫訳『エデンの園の言語――アーリア人とセム人：摂理のカップル』法政大学出版局、1995）
Oosten, Jarich G. 1985: *The war of the gods: The social code in Indo-European mythology*, RKP.
Pedersen, Holger 1931: *The Discovery of Language: Linguistic Science in the 19th Century*, Harvard University Press.（ペデルセン著、伊東只正訳『言語学史』こびあん書房、1974）
Poliakov, Léon 1971: *Le Mythe aryen: Essai sur les sources du racisme et des nationalismes*, Calmann-Lévy.（レオン・ポリアコフ著、アーリア主義研究会訳『アーリア神話――ヨーロッパにおける人種主義と民族主義の源泉』法政大学出版局、1985）
Puhvel, Jaan 1981: *Analecta Indoeuropaea*, Innsbrucker Beiträge zur Sprachwissenschaft Bd. 35, Innsbruck.
Puhvel, Jaan 1987: *Comparative Mythology*, The Johns Hopkins University Press.
Sergent, Bernard 1984: *L'homosexualité dans la mythologie grecque*, Payot.
Sergent, Bernard 1995: *Les Indo-Européens: Histoires, langues, mythes*, Payot.
Sergent, Bernard 1998: *Les trios fonctions indo-européennes en Grèce ancienne, I: De Mycènes aux Tragique*, Economica.
Sergent, Bernard 1999: *Celtes et Grecs, I: Le livre de héros*, Payot.
Sergent, Bernard 2004: *Celtes et Grecs, II: Le livre des dieux*, Payot.
Sjoestedt, Marie-Louise 1949: *Gods and Heroes of the Celts*, Methuen.
Vidal-Naquet, Pierre 1983: *Le chasseur noir: Formes de pensée et formes de société dans le*

monde grec, La Découverte.
Vries, Jan de 1961: *Forschungsgeschichte der Mythologie*, Karl Alber.
Watkins, Calvert 1995: *How to Kill a Dragon: Aspects of Indo-European Poetics*, Oxford University Press.
Weiser, Lilly 1927: *Altgermanische Jünglingsweihen und Männerbünde*, Konkordia.
West, M. L. 1997: *The East Face of Helicon*, Clarendon Press.
West, M. L. 2007: *Indo-European Poetry and Myth*, Oxford University Press.
Wikander, Stig 1938: *Der arische Männerbund*, Gleerups.（スティグ・ヴィカンデル著、前田耕作編・監修、檜枝陽一郎他訳『アーリアの男性結社』言叢社、1997）
吉田敦彦 1974：『日本神話と印欧神話』弘文堂

KODANSHA

本書の原本は一九八七年に国文社より刊行されました。

ジョルジュ・デュメジル
(Georges Dumézil)

1898-1986年。パリ生まれ。専門は比較神話学・言語学。著書に『ユピテル・マルス・クイリヌス』『ゲルマン人の神々』など多数。

松村一男（まつむら　かずお）

1953年，千葉県生まれ。専門は神話学・宗教史学。和光大学名誉教授。著書に『神話学入門』『女神誕生』など多数。

講談社学術文庫

定価はカバーに表示してあります。

神々《かみがみ》の構造《こうぞう》

印欧《いんおう》語《ご》族《ぞく》三《さん》区《く》分《ぶん》イデオロギー

ジョルジュ・デュメジル

松村《まつむら》一《かず》男《お》 訳

2025年5月13日　第1刷発行

発行者　篠木和久
発行所　株式会社講談社
東京都文京区音羽 2-12-21 〒112-8001
電話　編集（03）5395-3512
販売（03）5395-5817
業務（03）5395-3615
装　幀　蟹江征治
印　刷　株式会社ＫＰＳプロダクツ
製　本　株式会社国宝社
本文データ制作　講談社デジタル製作

ISBN978-4-06-539612-4

「講談社学術文庫」の刊行に当たって

これは、学術をポケットに入れることをモットーとして生まれた文庫である。学術は少年の心を養い、成年の心を満たす。その学術がポケットにはいる形で、万人のものになることは、生涯教育をうたう現代の理想である。

こうした考え方は、学術を巨大な城のように見る世間の常識に反するかもしれない。また、一部の人たちからは、学術の権威をおとすものと非難されるかもしれない。しかし、それはいずれも学術の新しい在り方を解しないものといわざるをえない。

学術は、まず魔術への挑戦から始まった。やがて、いわゆる常識をつぎつぎに改めていった。学術の権威は、幾百年、幾千年にわたる、苦しい戦いの成果である。こうしてきずきあげられた城が、一見して近づきがたいものにうつるのは、そのためである。しかし、学術の権威を、その形の上だけで判断してはならない。その生成のあとをかえりみれば、その根は常に人々の生活の中にあった。学術が大きな力たりうるのはそのためであって、生活をはなれた学術は、どこにもない。

開かれた社会といわれる現代にとって、これはまったく自明である。生活と学術との間に、もし距離があるとすれば、何をおいてもこれを埋めねばならない。もしこの距離が形の上の迷信からきているとすれば、その迷信をうち破らねばならぬ。

学術文庫は、内外の迷信を打破し、学術のために新しい天地をひらく意図をもって生まれた。文庫という小さい形と、学術という壮大な城とが、完全に両立するためには、なおいくらかの時を必要とするであろう。しかし、学術をポケットにした社会が、人間の生活にとってより豊かな社会であることは、たしかである。そうした社会の実現のために、文庫の世界に新しいジャンルを加えることができれば幸いである。

一九七六年六月

野間省一

文化人類学・民俗学

1717
日本文化の形成
宮本常一著（解説・網野善彦）

民俗学の巨人が遺した日本文化の源流探究。生涯の実地調査で民俗学に巨大な足跡を残した著者が、日本文化の源流を探査した遺稿。畑作の起源、海洋民と床住居など、東アジア全体を視野に雄大な構想を掲げる。

電P

1769
神と自然の景観論　信仰環境を読む
野本寛一著（解説・赤坂憲雄）

日本人が神聖感を抱き、神を見出す場所とは？　人々を畏怖させる火山・地震・洪水・暴風、聖性を感じさせる岬・洞窟・淵・滝・湾口島・沖ノ島・磐座などの自然地形。全国各地の聖地の条件と民俗を探る。

1774
麵の文化史
石毛直道著

麵とは何か。その起源は？　伝播の仕方や製造法・調理法は？　厖大な文献を渉猟し、「鉄の胃袋」をもって精力的に繰り広げたアジアにおける広範な実地踏査の成果をもとに綴る、世界初の文化麵類学入門。

1808
人類史のなかの定住革命
西田正規著

「不快なものには近寄らない、危険であれば逃げてゆく」という基本戦略を捨て、定住化・社会化へと方向転換した人類。そのプロセスはどうだったのか。遊動生活から定住への道筋に関し、通説を覆す画期的論考。

電P

1809
石の宗教
五来《ごらい》　重《しげる》著（解説・上別府　茂）

日本人は石に霊魂の存在を認め、独特の石造宗教文化を育んだ。積石、列石、石仏などは、先祖たちの等身大の信心の遺産である。これらの謎を解き、記録に残らない庶民の宗教感情と信仰の歴史を明らかにする。

電P

1820
日本神話の源流
吉田敦彦著

日本文化は「吹溜まりの文化」である。大陸、南方諸島、北方の三方向から日本に移住した民族、伝播した文化がこの精神風土を作り上げた。世界各地の神話と日本神話を比較して、その混淆の過程を探究する。

電P

《講談社学術文庫　既刊より》

文化人類学・民俗学

2479
ホモ・ルーデンス 文化のもつ遊びの要素についてのある定義づけの試み
ヨハン・ホイジンガ著／里見元一郎訳

「人間の文化は遊びにおいて、遊びとして、成立し、発展した」――。遊びをめぐる人間活動の本質を探究、「遊びの相の下に」人類の歴史を再構築した人類学の不朽の大古典！ オランダ語版全集からの完訳。

電P

2497
はだかの起原 不適者は生きのびる
島 泰三著

人類はいつ裸になったのか？ 本当に自然淘汰の結果なのか？ 保温・保水に有利な毛皮を失い、圧倒的に不利な裸化がなぜ起こったのか？ 遺伝学・生物学などを参照しつつ、ホモ・サピエンスの起原を探る。

電P

2521
名字の歴史学
奥富敬之著

日本人は、いつから名字を名乗るようになったのか？ 地名、階層、職制、家系など多彩な要素を組み込み、それぞれが何かを表現する名字。「名づけ」の成り立ちとその変遷をたどる考察で日本の歴史を通観する。

電P

2537
神話学入門
松村一男著

西洋の通奏低音として言語、宗教、科学、自然などあらゆる事象と絡み成りたつ「神話」。その伝播と変節の探求の歴史を、マックス・ミュラー、デュメジル、レヴィ＝ストロースら六人の事蹟からたどる。

電P

2550
江戸東京の庶民信仰
長沢利明著

多様な願望が渦巻く大都市にこそ、多彩な民間信仰がある。就職祈願は赤羽に、離婚成就は四谷に、お酒を断つなら虎ノ門。貧乏神から飛行機の神まで、聞き取りと現地調査を尽くした江戸東京の貴重な民俗誌。

電P

2558
ビールの教科書
青井博幸著

知らずに飲めるか！ 著者自ら工場を構えた経験をもとに、歴史、製法、国ごとの特徴、種類の見分け方、そして何よりおいしい飲み方を完全指南。一度きりのビール人生、この一杯に生きるすべての人へ贈ります。

電P